班主任，可以做得这么有滋味

（修订本）

郑英／著

中国人民大学出版社
·北京·

图书在版编目（CIP）数据

班主任，可以做得这么有滋味 / 郑英著. —修订本.—
北京：中国人民大学出版社，2019.7
ISBN 978 - 7 - 300 - 27107 - 1

Ⅰ. ① 班… Ⅱ. ① 郑… Ⅲ. ① 中学—班主任工作
Ⅳ. ① G635.16

中国版本图书馆CIP数据核字（2019）第 138303 号

班主任，可以做得这么有滋味（修订本）
郑 英 著
Banzhuren, Keyi Zuo de Zheme You Ziwei (Xiuding Ben)

出版发行	中国人民大学出版社		
社　　址	北京中关村大街31号	邮政编码	100080
电　　话	010 – 62511242（总编室）		010 – 62511770（质管部）
	010 – 82501766（邮购部）		010 – 62514148（门市部）
	010 – 62515195（发行公司）		010 – 62515275（盗版举报）
网　　址	http://www.crup.com.cn		
经　　销	新华书店		
印　　刷	北京华宇信诺印刷有限公司		
规　　格	720 mm × 1000 mm　1/16	版　　次	2019 年 7 月第 1 版
印　　张	14.75　插页1	印　　次	2025 年 9 月第 17 次印刷
字　　数	210 000	定　　价	58.00 元

目录
Contents

/第二辑/

不走寻常路

自序

一

之所以再次整理这些文字，是因为本书第一版出版后，深受广大教师朋友的欢迎，可以说好评如潮，有同行甚至将其誉为“一线班主任的实用宝典”“班主任培训的首选用书”。让我意外和惊喜的还有，它当年同时获评中国教育新闻网“2012 年度影响教师的 100 本书”和《中国教育报》“2012 年度教师喜爱的 100 本书”，入选中国教育新闻网“2012 年全国教师暑期阅读推荐书目”。虽然这些年来，本书经受住了时间的淘洗和口碑的检验，有着不可忽视的价值，但随着我自身教育理念的不断提升、教育实践的不断创新，将书中的内容重新整理，让它以一种崭新的面貌呈现给读者朋友尤其是班主任朋友，从而给大家带来更多的启迪，就显得十分有必要了。

修订版依然立足于班主任工作的具体实践，我在广泛听取读者的意见和朋友的建议后，保留了他们认为特别有实用性、可操作性、启迪性的部分，替换了几篇曾被一些公众号推送、阅读量达十万以上并广受好评的文章。其中收录的诸多教育技巧和策略，希望能带给一线班主任实实在在的智慧启迪，帮助大家在面对真实而具体的教育问题时，找到应对之策，或是创生出自己的灵感。

这些文章立足于我的真实经历，也蕴含着我的理性思考。它们没有严密的理论框架，也不敢妄称是研究成果，但的确对班主任工作中一些最常见的问题做了系统梳理，而且里面的字字句句，全都源自我的真情实感。值得一提的是，我特意以简洁凝练的方式描述教育的细节，为的是尽可能地增加整本书的“密度”和“含金量”，读者从中大概也能看出我的诚意。

二

有人对住在森林公园里的一对夫妻羡慕不已，因为那里有怡人的清新空气，有幽静的林间小道。然而，这对夫妇得知有人羡慕他们时，神情诧异，感叹乡间生活远不如城市生活那么多姿多彩、丰富有趣。我们总是羡慕别人的生活，而感叹自己所处的地方没有风景。殊不知，有时我们抱怨的，恰恰是别人眼里的风景。

似乎各行各业都存在类似的现象：别人眼里的清闲或优渥在当事人眼里却多是愁苦和劳累，哪有风景可言？教育也不例外，面对熟悉的教育生活，班主任们大多感叹“熟悉的地方没有风景”！

真的是“熟悉的地方没有风景”吗？不，是我们没有培育起一颗善感、有创造力的心，故而对周围的事物熟视无睹。班主任工作量大且重复，容易让人产生职业倦怠感。为避免陷入这样的困境，班主任更应该培育起一颗灵动而有创造力的心。

事实上，如果我们能培育起对教育细节的敏感性，在重复的事情里添加一点儿新的东西，或是在熟悉的点滴中捕捉到一些别样的东西，并用特别的方式呈现出来，我们就能源源不断地创造出神奇。即使家长里短、常规琐事，也能经营得有滋有味，怡然自得，犹如插花高手，即使只有枯木两枝、凡花数朵，也能将其装点得典雅脱俗、清新悦目。于是，“熟悉的地方”被点化成了“美丽的风景”。

本书所记录的，正是班主任常规工作的创造性实践，没有去翻箱倒柜刻意制造，只是顺手采撷遇见的点滴和细节，进行了开发和利用。

三

不可否认，在教育过程中，我也不断遭遇一个又一个的问题和挑战。但我坚信，解决它们的办法就在离它们不远的地方，正所谓“道不远人”。为此，我始终保持内在的生动和从容，努力做个理性而又怡情的善教者和乐教者。

我一直自喻为“教育农人”。作为农人，我常常“晨兴理荒秽，带月荷锄归”，并免不了经历“道狭草木长，夕露沾我衣”的辛劳。我深知“农人辛苦绿苗齐”，所以在教育的一方田地上辛勤耕耘，执着前行，并一丝不苟地操作各道工序——深耕、浅埋、播种、育苗，为的是给“作物”一个和谐的生长环境。

即便如此，我还是会遭遇“草盛豆苗稀”的窘境。每每此时，我总是告诫自己“行有不得，反求诸己”，直面自己的痛处，集中精力思考解决办法，于是许多灵感和创意不期而至。其实，灵感和创意是功夫到家之后的自然天成，并因此让你见到了另一番风景。

当然，我也不忘和农人一样，得闲时悠然枕着锄头，在田间小径上小憩，看云、听风，享受当下的欢愉和自足，让自己的教育生活稻香袅袅、小虫啾啾。

我尤其喜欢善能禅师那句“不可以一朝风月，昧却万古长空；不可以万古长空，不明一朝风月”，每一个“一朝风月”都是“万古长空”的点点段段，正是这点点段段的叠加，成就了我们的“万古长空”。

四

本书之所以呈现大量的案例，是希望这些生动可感的故事能再现教育的真实过程。其间不经意透露出的有滋有味，正是教育本应有的风姿。

同时，我希望本书不只是传递一些问题的解决之法，更是以其背后的教育理念带给教师朋友以智慧和启迪，帮助大家过好自己的教育生活。

通过整理本书，我的思路越来越清晰了，对教育的理解也越来越深刻了，对自己个性的了解也越来越深入了。可以说，本书的修订，让我重新发现了自己。

这一过程，促使我更用心地关注教育日常，并把其中的所见、所思、所感“储蓄”起来，在“零存整取”的过程中增加底蕴，像毛竹那样以竹节为证，见证自己的成长历程。

这一过程，促使我更潜心地阅读和学习，犹如一块萤石，在不断吸收光与热之后，也发出一点儿自己的光，虽未必光照四野，但至少能照亮自己。

这一过程，还促使我放慢脚步，用心体会与学生一起成长的点点滴滴，发掘其中的温馨与动人，如同在摄影技术中用慢速快门曝光运动物体的美，因为这样的美更显得丰盈悦目。

当然，在整理本书的过程中，我也免不了一番辛劳。不过，“衣沾不足惜，但使愿无违”。

但愿这本书没有辜负您的期望！

第一辑 ｜ 在细微处用心

同样一斤米。

把它放在米店，值一元钱；

把它做成饭，值三元钱；

把它做成粽子，值五元钱；

把它做成米饼，值十元钱；

把它酿成酒，值几十元钱。

不过，起点都是一斤米。

同样是一斤米，经过不同的加工，最后的价格差异竟有如此之大，这是因为不同的加工产生了不同的“附加值”。

同理，班级管理中的许多细节也极富弹性空间，在不同班主任的经营下，其价值也相去甚远。有些班主任不善经营，只当“米”来卖，或只会做“饭”，甚至只会做半生不熟的“夹生饭”，因而其价值几无增长。而有些班主任能对这些“米”进行积极“开发”，精心“加工”，把它做成“粽子”、做成“米饼”、酿造成“酒”，使其成倍甚至数十倍地“增值”，“利润”可观。

要把“米”酿成“酒”，班主任需要用所遭遇的种种问题或困难来发酵，用一颗执着的教育心来升温，并用智慧来勾兑。

把“米”酿成“酒”，运用之妙，存乎一心！

做平等中的首席

——与科任教师合作的艺术

打牌时，“同花顺”远胜一手“杂牌”，哪怕这些杂牌张张是好牌。我们的班级管理，道理和打牌一样，哪怕班主任与科任教师个个实力不俗，若没有凝成合力，其最终效果远不如教育教学水平一般却把劲儿往一处使的师资组合。正如马卡连柯所说，如果五个能力较弱的教师团结在一个集体里，受着一种思想、一种原则、一种作风的鼓舞，能齐心协力地工作的话，那就比十个各随己愿、单独行动的优良教师要好得多。在班级的科任教师中，班主任无疑处于独特的位置，是平等中的首席，想让班级的教育产生“同花顺”的效果，班主任首先得有“同花顺”的思维。

教育是一项系统工程，班主任是这项工程的总设计师，科任教师则是这项工程的工程师。二者彼此相依，相辅相成。离开班主任扎实有效的班级管理，学科教学就如同逆水行舟；离开科任教师勤奋敬业的学科教学，班级管理就如同海市蜃楼。所以，身为班主任，我们必须重视科任教师的作用和力量。

俄国作家克雷洛夫曾写过一则寓言故事：天鹅、梭子鱼和虾共同拉一辆大车，它们都使出了浑身的力气，但车却纹丝不动。原来，梭子鱼用力朝前拽，天鹅却一个劲儿地往天上拉，而虾竟然一步一步往后退，于是力量相互抵消。在现实的教育生活中，也存在着类似的现象。许多班主任在与科任教师的交往中，不经意间造成了教育合力的损耗。

一、与科任教师合作的误区

教育是一个整体，但在现实教育生活中，班主任却存在着以下认识误区，从而造成了与科任教师之间有效合作的缺失。

1. 各自为政，缺乏交流

有些班主任意识到自身角色与职责有别于一般的科任教师，于是把自己看成是班级工作的唯一责任人，把所有问题往自己身上扛。尤其是绩效工资实行后，班主任考虑到自己有班主任津贴，更是不好意思去“麻烦”科任教师。于是出现了这样的情景：若是没有人上课拖堂，班主任与科任教师就好像是两条平行线，不会有交叉的地方，更谈不上走在一起进行集体研讨。

德育，不应该界限如此分明，科任教师也是德育的主力军。一来他们在班级的时间总和超过班主任，了解的信息自然比班主任全面；二来学生在科任教师面前往往能流露出最真实的一面，所以各科任教师可以从不同的角度评价学生，这些评价综合起来相对客观真实，远胜班主任一人的评价；三来班主任还可从科任教师口中及时获取信息，若是班上出现了不良势头，可及早处理，防患于未然。可见，科任教师是班主任的同盟军，班主任须与科任教师共同弥合那道人为分割出来的德育缝隙，若仅靠班主任单打独斗、孤军奋战，班级管理工作必难以奏效。

2. 强势挤占，侵占阵地

有些班主任听闻学生出问题，会马上将其拉过来进行教育，不分时间与场合，即便科任教师派学生代表过来通融也决不让步。有时上课铃声已经响起，科任教师已在外面等候，有的班主任却依然在滔滔不绝地训话，急得科任教师频频看表或是在门口张望以示提醒。有些班主任利用自身的便利搞不公平竞争，过多地强调自己所教学科的重要性，甚至挤占班会课、体育课、自习课，布置大量作业，让学生穷于应付而无暇顾及其他学科。

班主任的这些做法无论出于何种原因，都是以自我意愿为前提的，无形中侵占了科任教师的“阵地”，影响了科任教师的正常教学。偶尔为之，尚可理解，若经常这样，难免会让科任教师心生怨艾，而且还容易滋生出其他问题，比如班主任在上课时间找学生谈话而后让其返回教室，万一学生不回教室，就极易引发其他负面事件；占用其他学科上课时间训话，必将影响科任教师的教学进度；过多强调自己任教的学科，会在无形中挤占其他学科的时间，从而极易造成学生一门独强的现象，影响班级整体成绩，真是弊大于利。

3. 心存芥蒂，排斥抵触

有些班主任担心科任教师在班级中的威信超过自己，影响自己的权威和话语权，于是对科任教师采取抵触排斥的态度；有些班主任与科任教师形同陌路，似有深仇大恨；有些班主任容不得科任教师对班级有半点非议，认为他们别有用心；有些班主任利用自身的优势，公然在学生面前诉说自己与某位科任教师之间的矛盾，结果造成学生对该科任教师的集体排斥，并为日后的师生冲突埋下了隐患。

班主任与科任教师应该在尊重与理解的基础上共同成长，求同存异，同时择善而从，这样才能建立起健康、积极、协调的交往关系。班主任应与科任教师共同进步，而不是以牺牲他人的利益为代价来获得自己的生存与发展。所以，明智的班主任会组织科任教师协同教育，把科任教师视为自己的合作伙伴，同时又做他们的带头人，以共同的目标增进整个团队的归属感。上述案例中的这些做法，不仅会造成班主任和科任教师间的“壁垒”，而且会造成彼此间的情感隔阂，从而制约教育合力的形成。

4. 坐视不理，消极无为

有些班主任简单地认为，组织课堂教学完全是科任教师自己的事，他们在教学中遇到的问题应由他们自己解决，于是对各学科教学袖手旁观，不闻不问，结果这些科目成了班级的“水库缺口”，导致班级纪律的涣散和风气的歪斜；有些班主任消极对待学生和科任教师之间的矛盾，有意回避，一推了事；有些班主任认为科任教师提出的意见或建议无足轻重，不屑一顾；有些班主任在家长会上绝口不提科任教师的工作，使科任教师沦为班级里熟悉的陌生人。

这种漠不关心、听之任之的消极态度最终会扩散到班级管理的其他方面。我们应该意识到，虽然学科教学是科任教师的事，但如果班主任能与他们共同努力，不仅会使该学科的教学得到良性发展，更可以借此将班级引向健康发展的道路。而且，科任教师需要解决的有些问题，也是班主任必须面对的问题，比如上课前学生准备好学习用品、调整好精神面貌，既是科任教师需要建立的学习规范，也是班主任需要着手引导的学习习惯。如果学习风貌不佳，班级会被科任教师视为“畏途”，所以班主任绝不可等闲视之。

5. 不当反馈，弄巧成拙

有些班主任为了解学生的思想动态和学习状况，对学生进行书面调查或布置周记，为保证结果的真实性，表示一定会保密。有学生对个别教师存在不满，听班主任说会保密，便如实反映情况。结果，班主任不经“过滤”便将问题反馈给科任教师，科任教师追问是哪位学生的意见，也表示一定会严守秘密，班主任执拗不过，最后如实相告。科任教师当时表现得若无其事，但到了课堂上却借题发挥，师生关系陷入僵局，同时班主任也失去了学生的信任。

班级中有学生对科任教师心怀不满是常见的现象，可能是该科任教师存在作业偏多、喜欢拖堂、课堂沉闷、言语唠叨等问题。针对科任教师身上存在的问题，班主任如果不及时转达学生的意见，不仅不利于学生的有效学习，也不利于科任教师教学方法的改进和教学水平的提高。但如果转达时分寸拿捏不当，不仅达不到预期目的，还会影响科任教师的工作情绪，进而影响师生关系，影响学科成绩。因此，班主任需要引导学生以积极的态度看待科任教师，同时将问题进行艺术“加工”后再反馈给科任教师，使科任教师更易于接受。

6. 过度宣传，反生负效

有些班主任意识到了科任教师的重要性，为制造“震撼人心”的宣传效果，对科任教师进行不遗余力的宣传，把科任教师的能力无限拔高，如同广告轰炸。这种“未见其人，先闻其名”的方式让学生对科任教师产生了不切实际的想象。可随着时间的推移，当学生对教师的好奇心减退后，他们会不断发现科任教师的不足，原先美好的形象反成了现实的参照物，照得现实人物平凡不堪，于是学生对科任教师日渐失望。

宣传科任教师的优点，既要借助于班主任的威信，更要建立在科任教师自身的实力基础上。班主任积极宣传科任教师本是好意，但必须符合基本的事实，在实事求是的基础上进行“润色”和“加工”，这样才能起到锦上添花的作用。否则，对科任教师过度宣传，最终会使结果走向反面。因为科任教师与学生的相处是个长期的过程，科任教师的“真容”会随着时间的推移而日渐清晰。有必要提及的是，班主任替科任教师宣传，首先要建立在自身拥有威信的基础之上，若是自身已威信扫地，越是宣传效果反而会越糟，可谓是南辕北辙。

7. 越位干涉，越俎代庖

有些班主任过于热心，担心学生在其他课上学习状态不佳，于是时常在教室外偷窥、巡视或索性进教室督阵，这使得学生没了安全感，科任教师也心生反感；有些班主任见班级有的学科薄弱，于是亲自上阵，利用课间、午间、放学等时间为学生补习，过关了才放人，结果成绩是上去了，学生对班主任却心生厌烦，更糟糕的是还招致了科任教师的不满，认为班主任这样做是为了树立他本人的威信，损害了自己在学生心目中的形象。

如果说消极无为是一种“缺位”，那么越俎代庖就是一种“越位”，两者都是“错位”行为，只有适度才可称之为“到位”。在一般情况下，比起“缺位”，我们更反感他人的“越位”行为，任何跨越界限、进入别人势力范围的举动都是缺乏合理性的，这不是帮衬，而是不当干涉。班主任也有自己的“势力范围”，如果超出自己的工作范围和职责权限，对科任教师的教学工作大包大揽，即便是出于沟通与配合的目的，也会被视为“违规”行为而失去教师群体的舆论支持，所以我们需要的是“补位”而不是“越位”。

8. 处理失度，再添波澜

当科任教师主动反映学生问题（一般都是课堂表现不佳或是作业质量糟糕）时，有的班主任会马上惊讶地说：“不会呀，上我的课时表现很好的！”这让科任教师尴尬不已，只好拂袖而去。也有的班主任会恼羞成怒，不问青红皂白，急匆匆地跑进教室拎出当事学生，劈头盖脸地一顿责骂或是在班级内公开训斥，结果学生不服气，不断解释，不断叫屈，甚至指责该科任教师，从而不但没解决问题，反而火上浇油，使学生与科任教师之间的矛盾愈演愈烈。

科任教师反映的问题，班主任绝不可掉以轻心，更不可因个人偏见而曲解了科任教师的本意。上文中所描述的两种反应都是不当的，前者容易让人产生误解，以为班主任是在质疑科任教师的课堂调控能力，或是在替学生“护短”和“辩解”；后者的做法不仅不能解决问题，还会使学生认为该科任教师没水平，只会向班主任告状，搬出班主任充当救兵，狐假虎威，从而加剧内心对科任教师的反感。无论哪种情况，都会造成师生之间、师师之间的矛盾和对立，不利于教育工作的正常开展。

9. 步调不一，无所适从

某班级采用值日班长轮流制，一来可以体现机会均等，二来可以让那些自我约束力不强的学生体会到班级管理的不易，进而推己及人，自觉遵守纪律。这次轮到一个平日里十分散漫的学生当值日班长，他在任职当天的表现确实不错，不巧的是他前一天的作业质量不佳。一位科任教师不知班主任采用此法的良苦用心，当众嘲讽了该生一番：“连自己的分内之事都管不好，还当什么值日班长！”该生从此不愿再担任值日班长，行为也更加散漫。

心理学中的“手表定律”告诉我们，若是有一块精准的手表，我们就可以知道准确的时间；但若是拥有两块或者两块以上的手表，我们反而变得无所适从，从而失去对准确时间的信心。班级管理也是如此，若是班主任与科任教师就某些相同的问题持不同甚至相反的标准，“每人一把号，各吹各的调”，学生将无所适从，教师也会出现“撞车”或是在无意中互相“拆台”的现象，并使教育效果大打折扣。上文中，班主任未能及时与科任教师进行沟通，结果因科任教师的无心之失而使班主任苦心经营的德育策略效果顿失。

10. 转嫁责任，推诿塞责

班级中各科成绩难免参差不齐，面对成绩落后的学科，有些班主任采取推诿的方式：在学生或家长面前，公开指出某学科的成绩落后，甚至指责该学科拖累了班级的整体成绩；或是在公开场合或他人面前，对科任教师的教学能力和教学方式评头论足；或是亲自上门兴师问罪："我们班其他科目都不错，为何唯独你这门不行？"或是向领导反映打小报告；或是鼓动学生"造反"……

上文中的班主任俨然把自己当成团队的领导者，而不是在同一战壕里并肩作战的一员。班主任不惜贬低或诋毁科任教师以转嫁自身的责任，这不仅损害了科任教师的威信，也让班主任自身的形象跌入低谷，更严重的是，这样做还可能损害学生的身心健康。试想，学生受到此类行为的影响，将从中学到的思维方式推而广之运用到将来的同事关系中，很难想象他们能与同事和谐相处、同舟共济。可以说，这样的行为既是心胸狭隘的表现，也是一种教育的短视。

二、与科任教师合作的艺术

马卡连柯曾说过，我们应该有这样的教师集体：有共同的见解，有共同的信念，彼此间互相帮助，彼此间没有猜忌，不追求学生对个人的爱戴，只有这样的集体，才能够教育儿童。可如何才能形成这样的集体？这有赖于班主任积极、合理、科学的作为，具体可参考以下策略。

1. 树人威信，立人立己

敬其师才会信其道，科任教师只有树立了威信，才能营造出良好的授课环境。虽说科任教师树立威信最终得靠他自身的专业能力和人格魅力，但班主任也有许多可作为的地方。而且，帮助科任教师树立威信，既有助于科任教师的发展，又能提升班主任的人格魅力，正所谓“己欲立而立人，己欲达而达人”。

（1）积极宣传——让科任教师闪亮登场

> 每逢新学期开学或有新的科任教师接班，我都会在尊重事实的前提下，有声有色地介绍他们的闪光点，有时不惜通过调侃自己来抬高他们，让他们闪亮登场。平时，我会在有意无意间向学生透露科任教师的敬业精神或教育成果，让学生体会科任教师的辛劳，从而更尊重他们的劳动付出。家长会上，我也会热情洋溢地介绍各科任教师的教学成果、教学特色、工作作风等，既让家长更快、更全面地了解科任教师，也让他们对科任教师增加好感和信任。

在科任教师与学生见面之前就对科任教师进行积极的宣传，不仅能拉近科任教师与学生的心理距离，同时，还能营造出一种神秘感，让学生翘首企盼，产生美好的想象。因为是立足于科任教师的实际情况，所以无须担心会埋下“学生对科任教师的好印象会逐渐减退”的隐患。这一招既能赢得科任教师的信任又能赢得学生的信任，科任教师心悦，学生诚服，从而实现双赢。顺便提一点，在科任教师面前班主任也需多多介绍学生的闪光点，切忌做“某学生太差，没有希望了”之类的评价，这往往会使科任教师形成思维定式，不利于教育教学工作的开展和后进生的转化。

（2）创设舞台——让科任教师一展身手

> 在平时的闲聊中，我会有意无意地打探科任教师的拿手好戏，然后在师生共同活动时，不断跟学生透露“某某老师唱歌可厉害了”“某某老师会跳拉丁舞呢”“某某老师会作诗呢”……如此“煽风点火”，极大地刺激了学生的好奇心，他们纷纷嚷着要科任教师们露一手。于是不断有老师从观众席里被“推”了出来，展示自己的拿手好戏，有潇洒签名、有火热拉丁、有激情朗诵，就连一位平素不苟言笑的教师也给学生大谈养生学。看着学生们目瞪口呆的样子，可以想见他们已成了科任教师的“俘虏”。

这让我联想到《大宅门》中的季先生，论学问他是国子监的监生，论功夫他是神机营的武师，什么都是极厉害的。他一开始就给顽劣的白景琦一个下马威，让白景琦有了几分敬畏。但白景琦还是心有不服。于是季先生让白景琦用两手掰他的一根食指，任凭白景琦如何费劲，那食指就是岿然不动；之后季先生又随手拿起《庄子》，让白景琦随便翻一篇，只需念头两个字，他便可倒背如流。白景琦听后惊叹“你真神了”，对他佩服得五体投地，从此脱胎换骨，秉烛夜读到深夜。可见教师若能露几手，就能树立自己在学生心目中的威望。学生如果从心底里仰慕教师的真功夫，自然会从而师之。

（3）参与管理——让科任教师手握大权

> 班级的先进评选、团员推荐等工作，我让科任教师也参与其中。先由学生民主推选候选人，在此基础上所有科任教师参与评价，最终确定人选，这样既让学生参与了民主推选，也充分尊重了科任教师的意见，而且多角度考评可以避免出现个别学生为拉选票而极力与同学搞好关系却对教师百般抵触的“双重”人格现象。同时，我还邀请科任教师一起家访，给他们提供了解学生家庭的机会；当有学生家长来校了解情况时，我也及时与有关科任教师联系。此外，我还主动征求科任教师的意见和建议，并尽可能地采纳和实施。

有些学生认为科任教师不行使班级日常管理、综合评价等具体职责，所以对科任教师布置的任务或提出的要求进行“软抵抗”。这固然与科任教师本身的威信缺失有关，但班主任也要有意识地协助科任教师树立威信并积极维护，其中创造条件让科任教师参与班级管理事务，以积极的姿态倾听科任教师对班风学风建设的合理建议及对个别学生的教育对策，是非常有效的方式。这样，既可以为班级征集到更多的好点子，达到集思广益的效果，又可以让科任教师体会到他们在班级中的重要地位，增强他们的责任感和归属感，让他们也涵养出“班主任情怀”。

（4）善意指导——帮助科任教师提升业务能力

某班学生某学科成绩整体欠佳，该科任教师焦急万分，利用一切可利用的“公共”时间为学生补课，放学后、午休时都能见到她忙碌的身影。学生叫苦不迭，结果却并不令人满意。问题出在哪里？在征得她的同意后，班主任进班级听了几节课，发现时间经常被耗费在学生无谓的争论中，教学进度无法完成，导致科任教师只好采取“课上不足课下补”的被动办法。班主任根据这一现象，向该教师提出建议，科任教师欣然接受，并尝试改进，课堂效率开始提高，成绩逐渐好转，科任教师也变得自信起来。

有些科任教师的教学业绩欠佳，可能与他们的工作态度和学生观有关，也可能与他们的教学能力和工作水平有关。若是后者，其情形就与班级中的某些学困生一样，其业绩的提高是一个缓慢的过程，不可能一蹴而就。一味的批评、抱怨、指责，只会让他们感到更加无助和无奈，他们需要的是有经验的教师耐心的指导和善意的提醒。此时，有经验的班主任不妨与他们一起分析原因，提出合理化建议，帮助他们提高教学水平，从而为他们树立威信，并最终带来班级成绩的提升，可谓一举多得。

（5）推功揽过——为科任教师赢得舆论支持

每当班级取得成绩时，我总是先推功于人，在学生面前说这都是某老师出的点子或是某老师为此付出了多少努力，并提醒学生喝水不忘掘井人。而每当出现问题时，我总是先归过于己，比如：科任教师与学生发生矛盾，处理完毕后，我不忘向科任教师表示歉意，表示自己的工作没做到位；某学科成绩不理想，我总是率先反思自己，思考改进方案，并在此基础上与科任教师真诚商讨，从而赢得科任教师的心。总之，班主任应积极为科任教师赢得舆论支持。

推功揽过体现出班主任乐于分享的宽广胸襟和勇于担当的负责精神，

彰显出“军功章里有我的一半，也有你的一半”的气度，有利于班主任与科任教师形成相互信任、相互支持、相互体谅、配合默契的心理环境。在这样的环境中，科任教师自然愿意与班级同甘共苦，从而达到凝聚人心的效果。如《菜根谭》所云：“完名美节，不宜独任，分些与人，可以远害全身；辱行污名，不宜全推，引些归己，可以韬光养德。”班主任如此推功揽过，一定能营造出良好的集体舆论，进一步树立科任教师的威信。

（6）率先垂范——尊师重教，做无声榜样

每逢教师节，我都会给自己当年的老师致电问候，或是邀请他们参加我们的教师节庆祝活动。如果有科任教师身体欠佳，我会一路陪同他走到教室，并将椅子搬到讲台前放好，学生自然明白我这么做的原因，纷纷过来关切地询问科任教师，并为科任教师带病坚持上课而感动。在和学生闲聊时，我会有意无意地透露科任教师的工作经历和教学成果等，并流露出对科任教师的欣赏甚至景仰之情，从而在无形中感染学生。总之，我习惯利用各种机会或直接或间接地帮助科任教师树立威信。

由于科任教师的思想修养和业务能力不可能都处于同一水平线上，因此会出现学生对他们厚此薄彼的现象，如果科任教师觉察到自己被学生轻视，便会产生自卑感和被排斥感，后果将会很严重。因此，班主任要引导学生尊敬所有的科任教师，尊重他们的劳动成果，形成尊师爱师的风气。同时，班主任应率先垂范，通过自己的言行做尊师重教的无声榜样。

2. 积极协调，化戈为帛

学生与科任教师之间产生误解、出现冲突，进而形成对立情绪，是教育中的常见现象，如果能处理得当，未尝不是一个教育契机，可以成为班级建设的一个良好切入点。那么，我们该如何处理这种矛盾，化干戈为玉帛呢？以下几种方法仅供参考。

（1）先跟后带 —— 营造和谐气氛，化解矛盾

一位科任教师抱怨学生的作业质量太差，我调查时却发现学生也是满腹怨言，原来该教师布置的作业实在太多，导致有些学生选择消极怠工，或拷贝他人的作业，或干脆不做。由此看来，控制作业量是化解师生矛盾的第一步。在该教师又一次前来诉苦时，我先是频频点头以示附和，待她吐完苦水，我话锋一转："有时想想，现在的学生也真不容易，你看涛涛，因为基础差，作业经常写到 12 点。"该教师大为吃惊："那其他人呢？""像青儿这样的绩优生，也要做到 11 点。"该教师追问各科作业情况，发现问题就出在自己身上，于是马上进行调整，师生矛盾遂得到化解。

如果两个人没有交集，谈话就会与初衷渐行渐远，所谓话不投机半句多。所以，班主任要实现与科任教师的有效沟通，前提是两人有谈话的"交集"。当科任教师前来向我反映学生的问题时，我一般都采用"他最近好像是有些问题"或"哦？这一点我倒还没注意到"等说辞以肯定对方，给对方一种安全感和被信赖感，让谈话有个交集。这就是心理学上的"先跟后带"，即运用自己的感知模式去引导对方，通过肯定和配合对方的信念、价值观，建立和谐的谈话气氛，然后在深入对话的过程中让问题一步一步得以解决。

（2）先助后融 —— 帮扶科任教师而不显山露水

一位科任教师方言口音很重，说起话来晦涩难懂，受此影响，课堂气氛沉闷，学生作业质量不佳，师生都对彼此不满。考虑到方言口音一时难以改变，我决定做学生的工作，告诉他们，这位老教师曾是高校里的才子，因命运捉弄辗转过许多地方，但他阅历丰富，知识渊博，最看不惯的就是不尊重知识的行为（为该教师批评学生找到了正当理由）。听到这里，学生不禁对该教师多了一份崇敬、一份惋惜、一份感激，也为自己先前的"不尊重知识的行为"多了一份惭愧。我继续说道："这位老师年岁渐高，乡音难改，一直苦恼于无法把自己的知识全部传授给自己的学生。"听

到这儿，学生更是羞愧不安，继而把这些感情释放到之后的课堂中。渐渐地，课堂开始变得有序起来。

在这里，班主任本着帮助科任教师、关心学生的态度，利用自己在学生中的威望，及时主动地解决了问题。这样的做法既维护了科任教师的威信，也充分考虑到了学生的苦衷。同时，班主任通过积极引导，使学生的内心豁然开朗，在班主任、科任教师、学生三者之间建立起联系，达到一种积极互动、感情融洽的平衡状态。班主任如此迂回渐进、含蓄委婉，帮扶科任教师而不显山露水的做法，有助于班主任与科任教师之间形成默契的合作关系，共同承担责任，互相配合，齐心协力教育学生。

（3）引导反思——引导学生反思，成功斡旋

上一节是信息课，科任教师要求学生完成作业后才能回教室，而本节课的教师早已等候多时，见学生稀稀拉拉地返回教室，按捺不住发起火来。对此，学生们情绪激动，认为自己迟到实属无奈，而且老师“浪费”一节课来训斥，事后还向班主任告状，属于小题大做。我没有多说话，只问了他们四个问题：第一，如果老师对大家的学习情况不闻不问，你们会有何感想？第二，作为一个治学严谨的老师，她最希望我们对学习抱以怎样的态度？第三，如果你是老师，将心比心，遇到这种情况又会做何感想？第四，如果大家与老师相处不融洽，结果会怎样？学生们平静下来，开始冷静地思考，意识到自己迟到虽然不是主观故意的，但事实上已经影响到了教师的教学，触动了教师的尊严，于是全班向该教师真诚道歉。

科任教师与学生之间的矛盾，有时很难判定究竟是哪方的错，此时不宜直接找科任教师处理。因为一旦处理不当，科任教师便很容易误以为这是对自己的“批评”，是指责自己的方式方法不妥；或误以为班主任在替自己“开脱”，为自身无力解决班级中存在的一些问题而寻找借口。此时，我们不妨转而做学生的思想工作，先弄清学生与科任教师之间是否心存芥蒂，再积极从中斡旋，待成功后寻机与教师交谈，并采用一种

担忧的语气，比如，“若我是你，遇到这种情况也会十分生气，不过当时学生是因为……”。对此，对方自然乐意接受。

（4）延迟介入——用时间来“缓冲”，化解矛盾

上课没多久，班长就急匆匆地跑过来：“郑老师，某老师走了。”我询问事情的原委，原来该教师昨天临放学前补充布置了作业，结果值周同学没留意，将它擦掉了，致使许多学生没看见而未做该项作业。科任教师以为学生存心“对抗”，一时气极，不容学生辩解，负气离去。我迅速思考对策，若是课堂组织能力欠佳的教师，我会选择进班级帮助解决，但该科任教师经验丰富，治学严谨，个性要强，不会轻易搬救兵，我的介入弄不好会适得其反。于是我故作轻松地说：“多大的事儿！只要心诚，事情总能办成。”班长一愣，随即心领神会，率领几员大将奔赴该教师的办公室，又是赔礼又是哄劝，终于将该教师哄回教室（其实她的气早就消了）。事后，该教师说，如果当时我亲自过去处理，她真不知自己的颜面该放在哪里。

师生间产生矛盾，有时错在学生，有时也与科任教师的不当处理有关，比如未深入了解就轻易下结论、措辞过于严厉等。一旦科任教师与学生之间发生冲突，班主任应先了解情况，再判断是否需要自己介入。如果科任教师能够自行处理，班主任就不要马上出面，可在学生情绪稳定下来，有了一定反思后再做进一步教育。若出手太快，反而会让学生对科任教师产生更多的反感情绪，让事情走向反面。当然，如果当事教师的组织和调控能力欠佳，而事情已经闹得很僵，班主任还是该出手时就出手。

（5）架设桥梁——于无声处发挥中间人作用

一位科任教师气呼呼地将一个学生的作业本置于我面前。我简单翻阅，只见满眼尽是红××，该教师继续“控诉”这位学生的不良表现——上课时总是精神不振、发呆走神。待她平静下来后，我告诉她，这孩子与父亲两人住在一间只有8平方米的房子

里，每天晚上父亲睡地板，她则缩在床上温习功课，怕影响父亲休息，从不出声。这些天父亲换了个工作岗位，需要上夜班，无法照顾女儿的饮食起居，所以晚饭都是孩子自己做的。值得一提的是，这孩子见父亲太劳累而且有些贫血，特意省下零花钱为父亲买了一包红枣。该教师大为惊讶，埋怨自己太武断，开始对这位学生刮目相看，并对她给予了更多的指导和关注。

“桥梁”的一端是科任教师，另一端是学生。班主任一方面应帮助学生理解科任教师，另一方面也应让科任教师尽可能多地理解学生。当学生和科任教师之间出现误解时，班主任要发挥“媒介”的作用，加以积极引导，或装作无意间转述双方对彼此的某种意见，或创造某种条件让双方间接地听到对方对自己的评价，从而达到出人意料的效果。通过这些方式，班主任可以同时维护学生和科任教师的尊严，找到师生关系的平衡点，发挥黏合剂及调解人的作用。

（6）共演双簧——与科任教师“一唱一和”

有个学生连续三天作业都做得很糟糕，科任教师十分生气，把本子作为证据放在我面前。我一看，果然不太理想，且不说字迹十分潦草，更可气的是只做了选择题，要知道这个学生的基础并不差。我安抚了一下该教师，提议由我去把当事学生找来，然后我“唱白脸”，科任教师见机行事“唱红脸”。该教师听后心情有所好转，接受了这一提议。于是我拉着脸训斥当事学生，然后故意对该教师说：“态度总是相互而且对等的，既然他这么敷衍，我们也没必要浪费精力。”学生恳求，我不理，他继续恳求，我仍旧不理，科任教师见火候已到，适时出面表态：“若能用心订正并认真对待作业，我愿意继续用心批阅。”此时我方才罢休，学生对科任教师感激不已，事情得以圆满解决。

有时科任教师与学生之间产生矛盾，错完全在学生，比如，学生不认真听讲，故意和老师抬杠、顶嘴，背后议论甚至嘲笑老师，给老师起不雅的外号，课后作业拖拉、偷工减料或干脆不做，对老师的批评置之不理，等等。如果这些问题交由科任教师自己解决，怕是难以奏效，因为出现上述这些行为的学生在潜意识中就有着对当事老师的不屑，需由班主任协同教育。此时班主任不妨与科任教师一起演双簧，由班主任“唱白脸”，科任教师“唱红脸”；由科任教师唱主角，班主任在一旁敲边鼓。你唱我和，以提高教育的成效。

3. 情感贿赂，长效投资

感人心者，莫先乎情。彼此间有了深厚的感情，师生关系才能和谐融洽。班主任需要积极促成并维护科任教师与学生之间的美好情感，从而形成教育的合力。

（1）精心备礼 —— 量身定做一份毕业礼

在七年级时我就与学生商定，三年后班级要送一份匠心独具的礼物给各科任教师作纪念，这份礼物就是结合各学科特点来描述该科任教师。经过反复斟酌与商讨，最终确定采用如下方式：用文言文描述语文老师，用英文描述英语老师，以证明题的方式证明数学老师，从物理变化和化学变化的角度描述科学老师，为美术老师素描一幅肖像画，为音乐老师谱写歌曲……

这些礼物是专门为科任教师量身定做的，它们不只是一份简单的礼物，更是科任教师的“名片”或“形象品牌”，倾注着学生深厚的情感，对科任教师有着一种特殊的感染力。这些礼物将会在科任教师的心中点燃什么？感动，梦想，激情……或许，什么都有可能。其中折射出的，是一种教育智慧，也是一种情感投资，能增加教师与学生之间的亲切感，缩小彼此间的心理距离，从而使学生在科任教师心目中的形象大放异彩。

（2）低碳过节 —— 教师节也能平中见奇

一年一度的教师节总是让学生忙忙碌碌，而我看着书柜中满满当当的贺卡，内心却纠结不已：扔掉，可惜；不扔，太占地方。如何过个低碳的教师节，既能让学生表达他们的心意，又不需他们破费，还能节省存放的空间？于是，班级策划了一个别具一格的教师节：节日当晚7点到8点之间，每位同学给每位科任教师打一个电话以示祝福，以“响三声就挂掉”为暗号，并提前与科任教师约好。于是学生没有花一毛钱，就让所有科任教师都收到了祝福。第二年，每位学生为每位科任教师自制一份电子贺卡，教师可以在闲暇时慢慢体味，于是学生仍然没有花一毛钱，却用真情感动了教师。第三年，每位同学为每位教师发送一条短信，他们还故意约好在18点18分集体发送，让老师们的幸福瞬间爆满，而这也花不了多少钱。

大家习以为常的教师节居然也能过得这么“浪漫”，真可谓平中见奇。教师真正需要的，不是物质，而是学生发自内心的爱和尊重。当然这种爱有时需要以可感的形式表达出来。上述做法不仅大大降低了成本，真正实现了“绿色教师节”，而且独具匠心，能在科任教师心中产生不小的震动，给他们留下难以磨灭的印记。

（3）正面反馈——反馈学生的赞美之词

每当有学生在作业中用赞美之词描述自己的科任教师时，我都会将本子亲自送到给该科任教师那里，让他亲自品读字里行间的情味，看着科任教师乐不可支的样子，我知道我的方法已经产生了作用。在学校组织的学生评教活动中，我也将学生赞扬和感激的话语反馈给科任教师，看着他们会心和欣慰的微笑，我也备感欣喜。我还时常利用茶余饭后的时间与科任教师交谈，在交谈的过程中，把学生和家长对他们的赞誉反馈给他们，这同样可以收获科任教师灿烂的笑容。

这种借班主任之口来传达赞誉的做法，比学生或家长当面赞扬科任教师的效果更好，也更容易激发科任教师的集体归属感。这种做法对学生也适用，班主任可以先表扬学生的良好表现或进步之处，然后在不经意间说这是从某位教师那里听来的。相信简单的几句话，学生听了一定会备受鼓舞，并会感激科任教师时时关注自己的进步。再如，当我去探望或打电话问候某个生病的学生时，我会顺便送上科任教师的问候。如此一来，班主任就充分发挥了“第三人效应”，增进了科任教师和学生之间的感情。

（4）共享活动——邀请科任教师参与班级活动

在“万水千山‘粽’是情”主题班会课上，我拿出事先准备好的五彩线，煞有介事地说：“这些五彩线有青、白、红、黄、黑五种颜色，这五种颜色从阴阳五行学说上讲，分别代表木、金、火、水、土，同时，分别象征东、西、南、北、中，具有五方神力，可以驱邪除魔，祛病强身，让人健康长寿，好运连连。”全班同学顿时兴奋起来。我乘机“作料”：“这五彩线得由长辈来为我们佩戴才能见效。”于是，孩子们马上安静下来，静静地等候各科任教师为他们一一戴上。恐怕“端午”这个名词，在孩子们心中已不再是空洞的说教文化，而是美好的心灵祝愿。班会课最后，师生共同品尝粽子，品味那份浓浓的端午情。

原本极普通寻常的“五彩线”被赋予了神奇的色彩，这既让学生充分感受到科任教师对自己的关注和祝福，也让科任教师收获了祝福他人的满足感和充实感。就这样，每次主题班会课、运动会、联欢会、外出郊游、文艺汇演、庆祝活动，我都会邀请科任教师一起参加，既活跃了身心，又增进了科任教师与学生之间的感情。

（5）真情关怀——关照有困难的科任教师

一次科学课上，科任教师在做白磷燃烧的实验时，不慎将白磷溅到手上，易燃的白磷顿时粘在手上并燃烧起来。想到白磷是有剧毒的，学生们立即兵分三路，一路找我，一路找教导处，一路找校医。科任教师在第一时间被送往医院，但手指和手心仍被中度灼伤。听闻此事，学生们心情沉重，很是不安，于是在一节自习课上我拨通了该科任教师的电话，学生们早已按捺不住关切的心情，七嘴八舌地问候起来。过了几天，该教师回班级上课。看着老师的手被厚厚的纱布包裹着，全班同学又是一阵难过，最后商议做一个水果拼盘送给老师，让她品尝大家甜甜的祝福。科任教师感动不已。

在上述案例中，我在科任教师意外受伤这一特殊事件中的做法，充分促进了师生间的情感沟通。学生的关心无疑会深入到科任教师的内心，并产生持久而深刻的影响，甚至成为其一辈子珍藏的记忆。另外，当科任教师生病或是生活上有困难时，班主任不妨安排班干部、学生代表去看望，增强学生与科任教师之间的情感交流，用真情赢得真情，用心灵赢得心灵。科任教师感动于心，自然会“回报”于行。

（6）共同庆生——为科任教师庆祝生日

班级每月安排一节班会课，庆祝本月过生日的同学。值得一提的是，学生还推选代表悄悄向校领导打听各科任教师的生日，并把这些日期一同记入班级的“生日表”。庆生班会上，各路寿星被邀请登场，当然也包括当月过生日的科任教师。师生一起参与活动，一同分享蛋糕，个别捣蛋的孩子还调皮地把奶油涂到老师的脸上，大家玩得都很开心。若不巧科任教师有事不能参加，小家伙们也不忘送一碟香甜的蛋糕到他的办公室。于是，教育生活如同那块蛋糕，顿时变得温馨、生动、甜美起来。

教育虽不是童话，但它需要有童话般的浪漫。若要恢复教育应有的快乐，我们需要充分利用生活中的每一个细节。生日，就是这样一个细节。邀请科任教师共同庆生，就成本而言，是低廉的、微不足道的，但其价值却不容小视。这一活动因注入了师生之间亲密无间的情谊和真诚平等的交流而有了巨大的附加值，其“身价”和实效也随之成倍翻升，教育生活也因此变得轻舞飞扬起来。

4. 细节服务，处处留心

人在一生中会收到各种各样的关怀，然而最能打动人心、最让人铭记的却是一些细节。这些细节触动了人内心最柔软的地方，日子久了，师生的感情就会像润物无声的春雨那样融进彼此的血液里，使这个集体充满了温情、温馨和温暖。

（1）信息共享——让科任教师在短期内了解学生

每当新学期开始时，我都会给每位科任教师送一个“旺旺大礼包”，内含学生名单、班干部名单、座次安排、成绩状况、校讯通网址、本班登录名及登录密码以及学生的个人信息（诸如家庭联系方式、家长工作单位、上学年情况综述、身体有无特殊情况等），从而让他们尽快熟悉班级的基本情况。若是班级制定了公约或新定了一些规则和措施，我也会及时告知科任教师，以统一认识、协调一致。另外，我还及时向科任教师通报学生近期的思想状况与家庭情况，或是班级里发生的重大事情，从而让他们对班级有更多的了解，以便更有针对性地实施教育教学。

以上这些做法无疑可以帮助科任教师在短时间内熟悉学生，有利于班集体的健康发展。当然，班主任也要经常从科任教师那里了解学生的思想动态，因为班主任角色的特殊性使学生在其面前往往有所保留，而在科任教师面前则不会有这种顾虑，所以科任教师反映的往往是学生最真实的一面。这样，班主任和科任教师就能把学生的表现及时反馈给对方，经常交换信息。如有可能，班主任还可利用自己的优势帮助科任教师解决师生矛盾，如此协同合作，既可避免班主任唱独角戏，又可弥补班主任精力不足的缺陷。

（2）记住名字——让学生记住科任教师的名字

在学校里，学生常常以“语文老师”“数学老师”“历史老师”“生物老师”等来称呼科任教师，久而久之，他们会忘记老师的名字进而忘记老师。为避免发生这种情况，我要求所有学生在一天之内记住所有科任教师的名字并能正确书写，并且今后以姓氏作称呼，而不可以用“语文老师”“数学老师”等来称呼。相信若干年后，学生依然会清晰地记得初中三年教过他们的老师姓甚名谁，这也是对科任教师最大的尊重。

名字是一个人在这个世界上与自己关系最亲密的符号，也是最能够引起自己重视的字眼。记住科任教师的名字，虽然只是一个小细节，却可以拉近师生之间的距离，让教师有一种被重视、被尊重的感觉。

（3）统筹协调——让科任教师有预见性地安排工作

科任教师有时需要利用自习课时间到班上讲解作业或进行个别辅导，若不提前安排，容易出现这样的现象：要么自习课无人问津，要么大家因争抢而相互“撞车”，从而使得学生无所适从，甚至有些科任教师为抢占自习课时间而相互抱怨，彼此滋生嫌隙。为避免出现这种状况，我会事先一一征询科任教师的意见，让他们自行“认领”，并由我协调安排，这样就将每天的自习课都做了充分安排。若有临时情况发生，他们相互协调即可，于是辅导变得井然有序。如果有老师的课因学校活动而被耽误，我就主动调课给他们，让他们的授课进度保持正常。遇到学科竞赛辅导、音乐舞蹈排练、体育训练等活动时，我也第一时间通知各科任教师，以便他们早做安排。

在这里，班主任俨然成了一位军事指挥者，运筹帷幄，及时有效地制订、实施训练计划。有了统筹协调，班主任与各科任教师就能统一认识、一致行动，形成一个有条不紊的班级管理体系。同时，学生会认为老师们的工作很有章法，这对他们日后的做事风格也会产生积极的影响。

（4）课前准备——让学生以最佳姿态迎接课堂教学

除了安排学生清理讲台、擦净黑板从而为科任教师营造一个良好的授课环境外，班主任还需要精心组织学生做好其他课前准备。课前准备是一堂课的第一个基调，这个调子定准了，后续才会有不俗的学习风貌。但是这项工作我几经尝试都没有成效：靠课前把学生赶回教室——太累，而且不利于学生自主性的培养；靠学生自觉——不太现实；靠背诵古诗——科代表常常要花费不少时间来决定背哪首古诗。几番思考后，班级决定背诵如下口诀："预备铃响准备好，学习用品不能少。积极发言勤思考，遵守纪律最重要。"指令明确，学生兴趣高涨，效果显著。

课堂上，学生与科任教师的情绪是相互作用、相互影响的，学生以最佳姿态迎接课堂教学，科任教师自然也会积极投入。因此，课前准备是营造高效课堂的第一个"开关"。班主任可以在课堂开始时，让学生做一些认知上的准备，进入愉悦的情绪状态，为教学的开展营造良好的氛围。

（5）助手培训——培养一支得力的科代表队伍

科代表是科任教师的助手，班主任须高度重视对他们的培养。我先将岗位进行调整，语文、数学、英语、科学、体育等学科分别设两名科代表，一名负责早晨收理作业，另一名负责组织早读（科学科代表负责拿教学工具和仪器，体育科代表负责准备器材）。各科代表各司其职，分工明确，效率极高。人选也须精心物色，要求各科代表有能力讲评作业及试卷，以便科任教师不在校时也能组织学科学习，尤其是英语科代表，更要求口语出色，领读能力强。同时，要求语文和英语科代表提前一天布置第二天的听写或默写任务，并在黑板上写明检查时间和要求，同时组织未过关的同学补听写或默写，也要事先在黑板上写明时间。若有学生缺课，科代表需在课前告诉科任教师，汇报缺课人员及缺课原因，以便教师有针对性地辅导。

科代表不仅是信息采集者，对班级同学在学科学习上的情况有清晰的了解；同时也是科任教师与同学之间的沟通桥梁和情感纽带，能将学习上的共性问题及时反馈给老师，并将老师的要求及时传递给同学；甚至能充当学科领袖，倡导一种积极、合作的学习精神。班主任要保证科代表人选既有工作能力，又有工作热情，能助科任教师一臂之力，是科任教师的得力干将。相信这样的思维方式和能力体验必定会为科代表本人今后的职业发展积蓄力量。

（6）乐居幕后——甘愿做科任教师的幕后英雄

初三将进行体育中考（满分30分），相对于文化科，体育分数更容易获得。于是我充分动员，号召全班学生积极“应战”。在此基础上，我还积极请教体育教师，了解班级学生在体育课上的情况，了解体育教师的训练安排，同时协助体育教师组织学生训练，主动承担立定跳远和跳绳等项目的训练（这些项目不需要太多技术指导），利用“边角料”时间组织学生进行训练。最终，班级在体育中考中获得了29.97的平均分，全班只有一个学生未得满分（这个学生也获得了29分），如此高的分数，令其他班级的师生十分吃惊。

班主任不仅要搞好本学科的教学，也要当好其他学科教师的助手。可以利用自己在学生心目中的地位和在班级中的号召力，为科任教师的工作提供各种便利。比如，及时向科任教师推荐各科苗子，协助他们选拔好人才；积极帮助音乐、体育、美术等特长生做好赛前准备，同时保证他们参加活动的时间，从而既支持了科任教师的工作，又为班级培养了各式人才；在科任教师临时有困难需要协助时及时顶上，让他们没有后顾之忧。如果班主任能如此支持科任教师的工作，科任教师也会反过来全力配合班主任工作，两者相得益彰。

综上所述，班主任不仅是学生的知己、家长的益友，更是科任教师的同盟军。只有班主任与科任教师齐心协力、彼此支持，用整体效应弥补个体不足，由班主任一人的“个体经营”变为整个教师团队的“集体联营”，才能产生教育的“共振”效果，形成教育的“同心圆”。

赢得家长，教育就成功了一半

——与家长合作的艺术

班集体建设虽然是在班级内部相对独立进行的，但构成班集体的每一个学生个体的品质和行为都深受家庭环境的影响。可以说，班级管理是一张“网”，“网”上丝丝相连、线线相牵，细细地编织着学生成长的梦想，而班主任是这张网上的一个“结”，这个结，既是沟通师生的桥梁，也是连接家校的纽带。

若把班级比作企业，班主任就是主管，家长就是合伙人，学生就是员工，其中作为主管的班主任必须有纵观全局的胸怀；若把班级比作球队，班主任就是教练，家长就是亲友团，学生就是球员，其中作为教练的班主任必须制定好训练计划，同时组织好战略进攻。无论是哪一种情况，班主任都必须以共同的目标来增进整个团队的归属感和凝聚力，只有班主任、家长、学生相互支持、相互配合，才能相互促进、相互提高，实现共赢。这是教育者都已认识到的道理，也是教育中永恒的话题。

所以，班主任必须高屋建瓴、全局在胸，积极建立起与家长的良好互动关系，并与科任教师一同构筑教育的“统一战线”，三位一体，多维度、立体式地凝聚成教育合力，从而产生教育的整体效应。

一、与家长合作的误区

可以说，家长是班主任教育行为的后盾，班主任是家长教育活动的依靠和升华。二者的教育方式和教育成效是相互作用、相互影响的，若家长教子无方，班主任的管理便会平添阻力；若班主任育人乏术，家长的教育便会如逆水行舟。然而，目前许多班主任在与家长的合作中，存在着以下误区。

1. 或卑或亢，姿态不当

班主任对家长的不当姿态之一便是高高在上、颐指气使。比如，有的班主任看到家长在校门口等候孩子放学，便走过去数落："慈母多败儿，你们家儿子这副德行就是被你们宠出来的……"家长在一旁频频点头，连连附和，向老师赔不是，唯恐得罪了对方，成了代子受过的替罪羊和班主任的出气筒，真是"城门失火，殃及池鱼"。事后家长坦言："即使我对老师有看法也要有所保留，因为孩子在人家手里，投鼠忌器呀！"

班主任的另一种不当姿态则是低声下气、软弱谦卑。可能由于不太自信，或是对"尊重家长"有着不恰当的理解，有的班主任对家长有求必应、从谏如流。一开始，家长会觉得班主任富有耐心，第一印象不错。渐渐地，有些家长开始提出一些难以实现甚至有些过分的要求，诸如要求班主任每天根据班级学生的情况出几张习题卷、要求让自己的孩子当班干部（该学生并不具备相应能力）等，令班主任陷入窘境。

班主任与家长都拥有平等的人格和独立的个性，双方不是上下级关系，不是从属关系，更不是附庸关系，而是在平等基础上的合作关系。班主任不必卑躬屈膝，也不可趾高气扬，而应在尊重家长的基础上与家长平等交流，这是建立融洽的家校关系的首要条件。所以，班主任在与家长交往时，要摆正自己的姿态，不卑不亢，有礼有节。一方面虚心听取意见，另一方面冷静审视，过滤其中的消极因素。同时，用心体会家长的好意和诚意，理智辨别其要求是否合理。总之，班主任既要有一颗善感的心，又要拥有一双敏锐的眼睛。

2. 疏密失度，尺度不佳

有些班主任为了保持与家长的良好关系，以期取得他们的支持和配合，与家长进行了高密度的联系，事无巨细，逐一汇报，邀请家长一起“共商大计”。开始，家长喜不自胜，觉得遇到如此负责的班主任真是一大幸事。可是，面对密集的信息轰炸和频繁的约见，家长渐渐不堪其扰。

有些班主任则很少联系家长，致使家长对孩子的在校表现几乎一无所知，成了可有可无的德育边缘人；有些班主任简单片面地认为学生遇到的家庭问题是他们自己的事，于是或袖手旁观，或有意回避，一副“事不关己，高高挂起”的姿态；有些班主任对家长的意见和建议或心怀抵触，或不屑一顾。久而久之，班主任与家长之间便出现了一道道鸿沟。

我们提倡教师走近家长，增进了解，但不是走得越近越好，当然也不是越远越好。心理学上有一个著名的“豪猪法则”：在寒冷的冬天里，一群豪猪为了驱寒，相互拥抱取暖，但因对方身上有刺，容易扎伤自己，便几经调整，找到了一个既能相互取暖又不至于扎伤对方的距离。其实人际交往也有一个最佳距离，班主任与家长之间的交往也是如此。过近，对方少了自由空间；过远，无法做到相互了解。两者都不利于班主任自身教育水平的提升，只会使教育效果大打折扣。

3. 片面关注，厚此薄彼

有些班主任对那些成绩突出的学生关照有加，对成绩居后或行为出格的学生也颇下功夫，对那些沉默寡言、从不惹事、成绩一般、没什么兴趣爱好、似乎是班里永远的配角的学生则鲜有过问，并把这种方式称为“重两头、轻中间”。于是，这类学生理所当然地成了“视觉盲点”，连带其家长也理所当然地被忽视了。

师生关系、家校关系应该是纯洁的、不掺杂人情世故的，班主任应该把爱洒向每一位学生，尊重每一位学生，而不是把学生及其家长分成三六九等。一般情况下，家长在家校沟通中被重视的程度，往往反映了其孩子在学校教育中被重视的程度。本案例中班主任对学生厚此薄彼、关注不均，正说明了其自身的工作问题：那些默默无闻的学生及其家长成为工作中的视觉盲点，折射出的是班主任的有意忽略；那些条件好的家长成为重点关注对象，折射出的是班主任的势利心态。

4. 疏于沟通，后患连连

由于在教育理念、教育方法、道德水准及个性心理等方面存在着差异，班主任与家长之间难免会产生分歧。若二者没有进行有效沟通，“你吹你的喇叭，我吹我的唢呐”，会使学生感到无所适从。

有时，疏于沟通还会造成“好心办坏事”的局面。比如，有些班主任考虑到班级学生接受能力参差不齐，学习成绩高下不一，为了不让后进生掉队，就在放学后为他们开小灶；也有部分班主任极富责任心，每当学生表现不佳或是出现不良苗头时，就在放学后将其留下来，单独与他谈心。这些原本都是一番好意，但因班主任未及时告知家长，家长会因等待太久而焦躁难耐，不断责备班主任，甚至赶到教室里发泄，而班主任则会认为自己很受伤，好心没好报。

家校之间如果缺乏有效沟通，造成意见不一，就很容易模糊学生的是非观。如果双方分歧过大，甚至在学生面前起争执，相互否定对方，则更会降低双方在孩子心中的威信，教育效果无从谈起。同时，出于自我保护的本能，学生往往会选择对自己有利的一方，谁强势就听谁的，久而久之，容易形成双重人格。本案例中由于家校没有及时沟通，班主任的一番好意最终反而招致了抱怨，“用心良苦却成空”，可谓事与愿违。更糟糕的是，若学生在回家路上出了安全事故，其中的责任将是班主任担当不起的。

5. 应急失策，陷入被动

> 对那些涉及学生道德品质的问题行为，如偷盗、恶意撒谎等，班主任尤其要周密考虑并妥善处置。若考虑不周，极易造成家校冲突。曾有过这样的事例：某学生因为偷窃被查，在班主任面前悉数承认，态度极好。班主任见其认错态度诚恳，错信于他，以为事情就此解决，并未告知家长。结果，学生回家后，担心班主任告状，为逃避责罚，便先发制人，歪曲事实，说班主任冤枉他。家长错信了孩子的一面之词，以为孩子遭受了莫大的屈辱，顿时怒不可遏，不依不饶，要求班主任当众向自己的孩子道歉。班主任因拿不出有力证据，陷入被动，处境极为尴尬。
>
> 另外，如何面对家长的不满，也很考验班主任的应变能力。有些班主任在面对家长的质疑时，急于辩解，结果越辩越急，甚至来了情绪，与家长唇枪舌剑。结果双方火越烧越旺，两败俱伤，家校之间的关系也由此陷入僵局。

班主任和家长本来都有着共同的愿景，班主任无不希望得到家长的通力合作，家长无不期待与班主任的和谐相处。但是，班主任与家长之间的良好关系并非自然获得，而需要彼此的真诚投入。所以，班主任在面对家长兴师问罪或横加指责时，不必急着辩解，而应该冷静倾听，沉着应对，因为共同商讨永远比相互抱怨更能解决问题，何况有时自己确实有过失，大大方方面对又有何妨！在此基础上，班主任尊重并采纳家长提出的建议和意见，有助于消除原有的矛盾，互相配合，同舟共济。

6. 虚假作秀，消极应对

> 不少学校硬性规定家访的次数，有些班主任为了应付检查，被迫联系家长，把家校沟通看成是单纯的公务活动，甚至是向家长转移教育任务的途径。还有不少班主任为了体现自己的民主管

理，或为了体现自己能积极运用家长资源，成立了家长委员会。但委员会中的成员大多是班干部或尖子生的家长，是由班主任指派的。这些委员平时给班级“歌功颂德”，只有在收取费用时才“用得上”，从而异化为班主任的“传声筒”，家长委员会形同虚设。

任何交往，若是离开了“真诚”二字，都难以起到良好的效果。不可否认，因“育人”方面的教育价值一时难以凸显，而“教书”方面的成果却可以通过数据等显性方式表现出来，所以众多教师更在意学校制定的指标性的东西，而对隐性的东西往往无暇顾及或干脆变相回避。上文中的这种行为，其实违背了教育教学原则，是对工作不负责的表现，带有很强的被动性和应付性，虚假作秀，流于形式。

7. 抱怨指责，激化矛盾

有些家长心里其实很清楚自己的孩子表现并不好，并为此心怀愧疚，但见班主任一味抱怨，不免由愧疚转为担心，担心自己的孩子被老师厌弃，并心生不满。久而久之，心中的积怨日盛。而班主任对此浑然不觉，动辄“我们班总体情况都很好，就是你们孩子……”“我教的学生中从来没有像你们儿子这样的……”，罗列学生的种种错误，以证明过失在家长，言语之间充满了怨气和指责。几番下来，家长的情绪开始激动，与班主任争执起来。更麻烦的是，有些班主任碍于自尊始终不肯承认错误，反复强调自己的理由，结果进一步激化了矛盾，事情变得一发不可收拾。

不当措辞、抱怨指责，往往会成为点燃火药桶的“导火线”，极易造成家校之间的隔阂甚至对立，而且时间一长，积怨加深，彼此都容易形成交往上的消极定式。所以，班主任在与家长交流时，需把握好措辞。其实，班主任根本没有必要从理论上“战胜”家长，不妨将指责转化为提示。比如，学生粗话很多，就委婉地询问家长，是否经常向孩子发脾气，或不经意间爆粗口；学生在课堂上常打瞌睡，就关切地询问家长是否工作繁忙，无暇顾及孩子的起居……如此一来，家长不仅不会反感，还会心存感激。

8. 授人以柄，自损威信

俗话说“吃人嘴短，拿人手短”，有的班主任收受了家长的好处，结果“把柄”落在了家长手中，事事受制于家长，甚至连这些家长的孩子也为自己享有特权而沾沾自喜，到处宣扬，让班主任极为被动。也有的班主任在处理学生违纪行为时，方式很不恰当，诸如进行恶性体罚、动员全班同学将犯错学生孤立、把学生赶回家等，这些做法自然站不住理，因而面对家长的追问，班主任只能节节败退……

身正不怕影子斜，如果自己的言行很在理，自然就不会有后顾之忧；反之，如果自己的言行存在硬伤，就会授人以柄，使自己陷入被动。此时，如果班主任百般掩饰自己的过错，反而更会引起他人的反感，使本已紧张的关系雪上加霜。反之，若班主任能真诚揽过，积极应对，或许还可挽回局面，家长可能因为看到教师勇于承认错误，便心怀不安，转身责令自己的孩子向教师认错。当然，事后的弥补终不及事前的预防。

9. 诋毁塞责，扩大战线

有些班主任与个别家长闹僵后，在科任教师面前百般数落该家长的不是，称其为“难弄”的家长。一些科任教师不明就里，自此对该家长的态度开始变得消极起来，甚至打消了与该家长积极沟通的念头，于是家校关系继续恶化。

也有些班主任因与家长关系不佳，便在班级中流露出对该家长的厌恶和鄙夷。由于班主任对班上学生具有很大的影响力，因此其他同学迅速与该学生划清界限，致使其陷入孤立，而该学生觉得自己无辜受到父母的牵连，因此怨恨父母。

同时，家长也可能以他们的方式扩大战线。有些家长认为自己的孩子在班级里遭受了不公正待遇，但又觉得面临两难境地：这些问题若不面对、不解决，会影响孩子学习的积极性甚至身心的健康发展；若直接找班主任商谈，又怕老师“有想法”，反而对孩子更不利。于是家长采用“跳跃战术”，跃过班主任直接向校领导或教育主管部门投诉；或是采用“迂回战术”，转向网络，发匿名帖进行“揭露”和“声讨”，以为这样做既“安全”又能达到目的，但这对班主任造成了极大伤害。

班主任和家长都有自身的优缺点，也都有自身的难处，站在第三方的角度看，谁都不是弱者，他们需要的是彼此之间更多的理解和沟通。那种断然否认和排斥的态度，只会引起对方的反感，损害彼此的感情，导致错误的延续和扩展。虽说“父母是孩子的第一任老师”，但不可否认，当前家庭教育的问题甚多，班主任仍是家校互动中的主导者。如果教师能真正以平等之心与家长进行沟通，对家长表现出足够的信任，那么家长也会主动敞开心扉，袒露自己的心声，进而双方达成共识。

10. 准备不足，敷衍了事

有些班主任在与家长见面之前没有进行周密的计划与准备，致使在与家长交谈时，语言拖沓，话题零碎，唠唠叨叨不知所云。在整个交谈过程中班主任虚与委蛇，草草了事，如走过场一般。面对家长的提问，更是一问三不知，甚至当家长问起自己孩子的在校表现时，无法清晰表述他们的特点，只能说些不痛不痒、放诸四海而皆准的套话，教育效果无从谈起。

如果家长是突然造访，班主任自然没有时间准备；但如果家长是事先预约的，班主任就必须精心准备谈话内容。班主任首先要熟悉该学生的家庭基本情况，诸如家长的文化层次、对孩子的关心程度等；其次要了解家长的工作性质、性格特点等；最后还要思考此次谈话所要达到的目的、预计对学生产生的影响、选择何种谈话方式、预计家长会持什么态度等。

二、与家长合作的艺术

古语云：“合则兴，分则衰。”班主任和家长不该是两个拳头，而应该是两只握紧的手，互相合作，默契配合，从而实现“湖光秋月两相和”。正如苏霍姆林斯基所说的，两个教育者——学校和家庭，不仅要一致行动，要向儿童提出同样的要求，而且要志同道合，抱着一致的信念，始终从同样的原则出发，无论在教育的目的上、过程上还是手段上，都不要发生分歧。

1. 乐做桥梁，从中斡旋

和谐的亲子关系，需要父母、子女的努力，而作为中间人的班主任，也可以对此有所作为。班主任可以从中协调，帮助家长提升对孩子的影响力，从而间接为家庭教育助力。

（1）巧设活动——融洽亲子间的关系

以下节日每年都有，我们不妨好好利用，使其成为点化教育、润泽亲子关系的资源。

母亲节。班级推出的重点活动是让每位同学为母亲准备一份“爱的献礼”，同学们果然用情至深：一向大大咧咧的方同学用自己的零花钱为妈妈买了一包红枣，因为妈妈贫血；沉默寡言的邹同学亲自烧水为妈妈洗头，希望妈妈的秀发永远美丽；富有艺术气息的邵同学亲手做了一个精美的零钱包，供妈妈存放零钱、U盘和各种卡；细心的舒同学发现妈妈正准备生小宝宝，于是送给妈妈两条孕妇裤；陈同学原想送护手霜给妈妈，因为妈妈是卖鱼的，每天要杀鱼，致使手上伤口不断，但考虑到那双手每天都浸泡在水中，涂了护手霜也无济于事，于是就送给妈妈一个笑脸口杯……妈妈们表示，收到这些特别的礼物后不禁泪水涟涟，她们为孩子们的成长和懂事而感到欣喜，幸福指数也因此大大提升。

父亲节。活动策划组别出心裁地想出了一个点子：让每位同学写一份寻找父亲的“寻人启事”，内容包括父亲的身高、体重、年龄、生日、最爱吃的菜、爱好及特长……这个活动其实是考验学生对父亲的了解程度，并让他们找回那份失落的对父亲的关爱。舒同学特意为父亲画了幅肖像画，王同学更是用中英文书写寻人启事，让人忍俊不禁的是，小家伙们还都在寻人启事的最后写上“请知情者速与 ×× 联系，联系方式：×××××××××××，重谢”。当父亲们看到这份特别的寻人启事后，纷纷表示会马上“回家”。活动的高潮处当数亲子互送信件环节，平素不苟言笑的父亲们此时也是柔情万种，有的说“你妈急了总抱怨‘你们父子俩怎么一副德行’”；有的一再保证今后一定少抽烟，做好表率；有的回顾孩子刚出生时那种忙碌中的甜蜜；有的对孩子满怀厚望，“你是周家第三十六代裔孙”……那份温情、幸福、自豪，不断地从言语间溢出。

儿童节。学生过完初二时的六一儿童节就要告别童年了，借此我号召家长给孩子备一份“成长礼”，这些礼物很是让人感动：有的是送一块手表，希望孩子能把握好人生的每一刻；有的是送一支笔，希望孩子能用心书写人生；有的是送不倒翁，希望孩子在困难面前永远不倒；有的是送跑鞋，希望孩子永不停止前进的脚步；有的是送一碗鸡汤，希望能滋润孩子的心灵；有的是送火车票，希望孩子能在人生的“旅途”上安稳地走好；有的是送笔记本，希望孩子能记录自己成长的点滴；有的是送一包开心果，希望孩子快乐每一天；有的是送一本相册，希望能定格孩子成长的每个瞬间；有的是送一辆自行车，希望孩子能为未来的冲刺蓄势；有的是送一粒种子，希望孩子茁壮成长；有的是送书籍，希望孩子能用知识为自己充电；有的是一起陪孩子看电影《鲁滨逊漂流记》《阿甘正传》等，希望孩子能坚强地适应各种环境，把握好自己的人生……看着同学们热泪盈眶的样子，我相信这一定是他们成长中的一个重要时刻。

我们还把每年的亲子节日固定下来，把孩子对父母的爱称为“康乃‘心’行动”，把父母对孩子的爱称为“向日葵行动”。这些固定的节日又有着不同的形式，真是有趣又有味。通过这样的活动，我尽可能多地创造了亲子互动的机会，并将其渗透到日常教育中。当然，这些活动只是增进亲子感情的载体，从中体现出的平等、尊重、信任和关爱才是最为可贵的，其意义远超活动本身。

（2）指导学生——引导学生主动与父母沟通

一度，学生对父母的抱怨多多：“爸妈简直是我的GPS（全球定位系统——编者注），无论我到哪儿，都得向他们汇报，他们以此对我进行‘定位’。”“他们总说，我像你这么大的时候，早‘上山下乡’去了。”“他们说得最多的两句话是‘好好读书’‘吃完饭做作业去’，一遍一遍地嘱咐，没完没了，真烦死我了！”“他们总是说话不算数，说好如果我考进前三名就带我出去旅游的，可我都考了不知多少次前三名了，他们却总推说忙，耍赖。”……面对亲子矛盾，作为中间人的班主任不能坐视不理，也不能空洞说教，最明智的办法是进行引导。于是我让学生思考：“是爸爸妈妈不爱我们，还是他们不知道怎样表达爱？会不会是他们已经表达了而我们却未曾察觉？”学生开始冷静地思考。

我找到刘墉那篇《雪地上的脚印》，它道尽了普天之下父母的心声。学生们安静地倾听，听完了故事，他们感慨良多。有的说：“母爱像空气，是我们赖以生存的基础，而我们却常常忽视它的存在。”有的说：“我的母亲不会在我入睡前讲白雪公主的故事，只会在半夜里给我盖好被子；她不会在吃饭时给我夹菜，只会把我最喜欢吃的菜放在离我最近的地方，而我却忽视了这些。”有的学生开始啜泣……

此时，让学生只停留于一时的情感冲动，并不是最佳方案，关键是要让他们学会与父母相处。于是我引导他们讨论如何“讨”得父母的欢心。学生在热火朝天的讨论之后，总结出如下几个招数：第一招，投其所好，让父母展示他们最擅长的事，比如让妈妈织毛衣；第二招，主动“坦白”，每次外出，事先主动交代将与谁在一起，并预计回家的时间；第三招，情感“贿赂”，在节日或父母生日时送点儿礼物以表达心意，或一同外出游玩，并且每天在饭前饭后，主动和父母交谈；第四招，分担责任，主动跟父母一起做几件事，分担一些家务事，比如洗碗、倒垃圾、擦地板等；第五招，写信表白，可以通过书信把我们心中的郁闷、不安、不满等情绪表达出来，也可以把我们一直想说的“爸爸妈妈，我爱你们”这样的“肉麻话”说出来，还可以在信中提出对父母的希望等。

在第二周的班会课上，我趁热打铁，专门就因作业未完成被老师留下来而晚归、考试成绩不理想、如何平衡自己的隐私权与家长的监护权、想买电脑但父母反对、朋友来访但父母不喜欢、父母之间发生了矛盾、父母一方或双方均下岗等具有普遍性的问题一一组织学生进行讨论和交流。这些问题都是与学生的成长密切相关的。经过讨论，大家认识到，想要建设一个温馨的家庭，自己不该是一个旁观者，而应是一个与父母携手努力的营造者。

以小俐为例，以前她一直抱怨妈妈太唠叨，一见妈妈就烦。于是我教了她一招，让她回去跟妈妈说一个善意的谎言，说她被评为全班最好的妈妈，而班长的妈妈则被评为最啰唆的妈妈，因为她整天就唠叨着学习。小俐照做，果然这招很灵验，她妈妈开心至极，竟没有再唠叨。晚餐时，小俐继续发挥，称赞妈妈做的菜好吃，妈妈马上谦虚地表示今天盐放得不够有失水准，母女俩有说有笑地交谈着。最后，小俐委婉地提出了妈妈以前的不足，妈妈也道出了自己的心里话，母女俩握手言欢。

学生与家长之间发生矛盾，这是教育中的常见现象，但常见并不代表着我们可以视而不见，一推了之。班主任需要为此积极协调，从学生的真实问题出发，顺势引导，层层深入，让学生和家长不同的价值观念相互碰撞，并最终将学生孝敬父母的心意和行为结合起来。如此一来，教师不再是“消防员”，而是“调解人”。触及学生内心深处的情感体验，远胜过苍白无力的空洞说教和坐视不理的漠然无为。通过这样的协调，教师将同时收获家长和学生两方的认可。

（3）指导家长——帮助家长与孩子进行有效沟通

可以说，孩子是父母的一面镜子，孩子的言行举止往往折射出父母的观念和言行。不可否认，当前不少家长的教育水平和文化素养都不尽如人意：有“期望过高型”，要求孩子务必考到年级前几名，其结果往往是只制造出了“失败者”；有“有劳无获型”，买来大堆辅导资料，花重金请名师辅导孩子，四处打探哪个兴趣班好，但大多无功而返；有“蛋白质型”（“蛋白质”是网络用语，指笨蛋、神经质——编者注），家长不会上网、不会用QQ、听不懂“PK”，孩子觉得家长很土、很落伍，自然也不愿与之沟通；有“暗中侦查型”，偷看孩子日记，查看孩子手机，还偷偷打电话给老师和同学以打探孩子行踪，如黑猫警长一般；有“简单粗暴型”，为防止孩子在家上网，每次上班时都拆下键盘带走；有“絮叨啰唆型”，平日里喋喋不休，如同《大话西游》中的唐僧一般；有“底气不足型”，批评孩子时往往先来一句前缀“我听你们老师说了”，结果不但自身的威信得不到树立，还把老师给“卖”了……

在处理家长与孩子间的矛盾时，我总是先帮助家长分析他们对待子女的态度，是专制还是迁就？然后分析家庭成员之间的关系，是相互体谅还是相互指责？再让他们反思自己是否起到了榜样和示范作用，最后为他们提供一些解决方法供其参考。

印象很深的是，我曾经利用一次突发事件，成功地帮助家长赢回了孩子的心。一天晚上，班上一个女孩与父母吵架，负气出走，因没有去处，只好在小区附近的小路上来回游荡。结果一群小青年过来，见她只身一人，就把她拖到附近铁路边的偏僻处，抢走了她的手机，还对她拳打脚踢，不停地威胁她："若是敢回家跟父母说，看我们如何收拾你！"家长见女儿回家后一脸惊恐，再三盘问，女孩终于讲述了事情的经过。家长气愤至极，又不知所措，最后求助于我。我马上帮家长分析：这应该是歹徒临时起意而不是蓄谋已久的事，而且这伙人中一定有人住在附近。我建议家长先报警，再找人。家长听从了我的建议，让孩子坐在车后座，在小区周围一遍一遍地搜寻，终于发现了其中一个歹徒，并迅速将其拿下，押送到派出所。女孩这才把心放下，同时后悔自己不该与父母赌气，于是与父母重归于好，而父母也表示，今后会理智地处理好与孩子的关系。

家长的素质决定了家庭教育的层次。无论是学生的学习问题还是行为问题，或是他们与家长间的矛盾，都或多或少与家长的教育方式有关，并常常是家教误区的一个直观反映。正如美国心理学家哈里森所说的，"帮助儿童的最佳途径是帮助父母"，我们班主任能做的就是告诉家长"身教重于言教"的道理，指出家长教育孩子时存在的缺陷和误区，并为他们提出一两项可行的建议。当然，使用这种方法时要注意对象，同时讲究交流的场合，并要因人而异、适可而止，否则容易弄巧成拙。

（4）搭建平台——让家长露一手以提升其形象

所谓"艺多不压身"，我在班级活动中特意为家长保留了这样的节目——"我老爸最棒"和"老妈，加油"。在"我老爸最棒"的活动中，我让爸爸们在现场露一手，于是爸爸们都拿出了各自的绝活，有表演武术的，有泼墨挥毫的，有吹拉弹唱的，还有的爸爸事先突击学习了几手厨艺以便一展身手……同学们领略了爸爸们的一番风采，不用说，他们对自己爸爸的好感从此大大增加，爸爸在他们心中的形象也瞬间高大了许多。而"老妈，加油"活动，则是请妈妈们一起比拼喝饮料，参加摸手认子比赛（为了参加这项比赛，妈妈们不知摸了多少遍孩子的手）、真情对对碰比赛（考验妈妈们是否能准确说出孩子的好朋友等）……不同的方式，同样的精彩。每次活动时，我都会用相机把那些瞬间一一定格，事后再把它们发给家长和全班同学，让他们永远记住那一个个精彩的场景。

除了活动搭台，让家长“露一手”之外，我还积极调动家长这笔独一无二的资源，让他们投身到班级建设中来。新学期伊始，我会对全班进行一次调查，了解孩子父母的职业和工作岗位，并将其职业特点和个人所长记录在案。这是一笔宝贵的资源，能很好地用于班级建设。比如，有一位学生家长是某装潢公司的老板，于是我们在精心设计好教室布置物品的样式后，联系了这位家长。该家长十分热情，选用了最好的板材，把教室布置得清新典雅又富有文化气息，而且没有收取一分钱。同学们也很感恩，买来了一本荣誉证书，颁给家长“特别贡献奖”，而颁奖嘉宾正是他的女儿。此后，家长们纷纷表示，但凡班级有需要，他们一定会尽全力支持。于是，全班同学积极创造条件，让他们的家长为班级服务，诸如租公交车接送我们外出搞活动、为班级批发小红旗或吉祥物等班级用品等。

就这样，班主任成了“总导演”，学生成了“编剧”，家长成了“演员”，有了这三方的倾情投入，剧情怎会不精彩？通过学生的“搭台”，家长的“唱戏”，平凡无奇的教育生活变得生动起来。需要补充说明的是，我还在家长和学生之间传达互利的信息：在学生面前，感慨父母工作的辛劳和为孩子付出的心血；在家长面前，诉说孩子的点滴进步和变化（当然这需要教师用心关注）。这些，都会在无形中让家长和学生更积极、更投入。

2. 积极补救，转危为机

沟通是心与心之间的交流，是人类最美的语言。班主任与家长之间不可避免地会存在一些分歧，他们之间的矛盾若能及时处理，则可拨云见日，双方重归于好，为教育的整体效应助力；反之，若是处置不当，则极易造成信任危机，为后续的教育带来重重阻力。

（1）延时处理——以静制动

遇到正在气头上的家长，班主任如果急着辩解，反而会给家长一种推脱责任的感觉，不但于事无补，还会使问题更加难以处理；班主任如果懒于理会，冷漠置之，更是会激怒对方。班主任此时不妨只做一件事，那就是沉默，耐心倾听，让对方发泄完牢骚和不满，然后再如实描述事情的真相和来龙去脉，如此一来，家长的情绪自然能够稳定下来。

若家长还喋喋不休、没完没了，班主任不妨以征求意见的口吻说："我现在要去参加一个会（或是要去上课，或是送交一份急件等），可否等我回来后继续商谈？"家长自然不好意思继续纠缠，即便他心中仍有不甘。同时，也可让家长借这段时间冷静一下。这种冷处理的方式不失为"以静制动"，以不变应万变。而且，班主任那种谦和的态度能使家长从内心深处感受到教师处理问题的公平、公正，这是我们让家长感动的基础，也是一个人在交往中占据主动权的第一要诀。

该出手时就出手，但不该出手时，千万别急着做出自己的判断和行动。很多时候，"当场解决"的办法只是治标不治本的"快速疗法"，因为有些事情的复杂程度往往超出我们的意料。班主任通过倾听，可以达到两种目的：一是营造平等的谈话气氛，二是从谈话中捕捉信息，从而为有效解决问题打下基础。

（2）先行自责——以退求进

有时，家长兴师问罪或许有他的偏颇之处，但往往也能反映出班主任工作中的疏漏，是班主任反观自身的一个契机。所以，班主任万不可用讽刺反诘的方式来掩饰过错，替自己开脱，而应虚心诚恳地直面自己工作中的失误。如果自己是对的，那就试着温和地、巧妙地让家长认同自己；如果自己错了，那就诚恳地予以承认。

一次，有位家长询问我班级何时放学，语气中颇有些不满。我突然想起，他的孩子这天刚入选学校的舞蹈队，正紧锣密鼓地训练，而我因一时疏忽，未能及时告知家长。得知家长已在雨中苦等了一个小时，我不住地道歉，同时也衷心祝贺他的孩子入选舞蹈队，家长释然。同样有一次，一个孩子晚归，家长等得非常焦急，情急之中对我有些抱怨。我事后得知，他的孩子因听同学介绍有一本很好的教辅资料，怕去晚了买不到，所以一放学就直奔书店了。家长得知事情的原委后，不住地向我道歉。我也表达了歉意，表示自己平时疏于对孩子进行一些细节方面的教育，家长听后更是感动不已。

“退步原来是向前”，班主任若能真诚大度，即使面对一个牢骚满腹、怨气冲天、不易对付的家长，也能将之“软化”得通情达理。班主任平时教育学生要勇于承认错误，如果过错发生在自己身上，主动承认不失为一种示范。而且家长的怨气发泄完了，自然就不会得理不饶人，反而会认为教师勇于承认错误的态度令人钦佩，还可能转身向教师表达歉意，如此一来，家校关系会变得更加融洽。

（3）求同存异——取其所长

对班主任，不同的家长会表现出不同的态度，有些坚决拥护，有些冷眼旁观，有些一味依赖，有些指手画脚，有些忙于公关，有些期望过高。不同类型的家长往往会提出不同的要求，这主要体现在对作业量的不同态度上。有些家长希望少布置点儿作业，而有些则希望多布置。众口难调，班主任应本着求同存异的原则，找准结合点进行优势互补，从而做好协调工作。

比如，有些家长喜欢指手画脚、评头论足，但这也是一种希望参与班级管理的心态的表现，换个角度看，他们这样做可以促使班主任向更高水平迈进；有些家长虽然少了教育的主动性，但他们表达出了对教师的信任；有些家长看起来漠不关心，其实他们有自己的苦衷，比如文化程度低、工作繁忙等；有些家长虽然有时会干扰教师的公平决策，但他们的热情本身就是一种可以利用的外部资源，能帮助班级更好地组织某些活动……这样一来，所有家长都有其可取的一面。班主任应求同存异，择善而从，使家校之间建立起健康、积极、协调的交往关系。

班主任和家长因角色不同，与孩子交往时侧重点也有所不同。家长对孩子，往往是情感重于理智；而教师对学生，往往是理智重于情感。我们进行家校沟通，不是为了消除差异，而是为了更好地理解差异，求同存异，从而达成共识，携手共进。无论发生什么情况，我们都不要轻易放弃对家长的信心和与他们的合作。当然，班主任和家长的意见统一，只是一个相对的、动态的平衡，班主任要有一种积极的心态，顾全大局，从促进学生发展的高度来思考问题。

（4）假借他力——寻求帮助

班主任与家长之间难免会出现沟通上的问题。如果矛盾冲突较大，班主任凭一己之力难以说服家长时，不妨请求外援，找科任教师或学校领导充当“老娘舅”，这样往往能有效缓和剑拔弩张的气氛，更易于化解冲突。有了“中间人”搭台，双方可以借机各退一步，从而有利于矛盾的解决。

班主任有时还可以借助其他家长或家长委员会的力量化解家校矛盾，由他们站在公正的立场上客观分析问题，对心有不满的家长进行合理疏导，发挥“自己人”的效应，从而使问题得以圆满解决。另外，家长若对某位科任教师的工作方式有意见，却又因担心孩子的“安全”不便直接提出，也可以提交家长委员会，由家委会反映给班主任，让班主任做好协调工作，充当“自己人”与科任教师进行协商。

当然，这两种办法都是不得已而为之的，属于事后的“治”，总不及事前的“防”，而且只可偶尔为之，使用多了，必然会降低班主任自身的威信。

借助他人的力量化解家校矛盾，不失为一种有效的办法。所谓“第三方结论最具权威”，请来对方的“自己人”，是因为他们往往持有相同的立场，相互之间的心理距离较短，地位相同，属于“利益共同体”，所以更容易找到心灵沟通的连接点和契合点。当然，班主任若把自己化身为家长的“自己人”，积极修炼自身的道德品质和业务水平，让家长心生钦佩，愿意把自己当作“自己人”而主动接近，那自然是最好不过了。

（5）坚守底线——把握分寸

家长都希望班主任能更多地关照自己的孩子，基于这样功利的目的，有些家长会变着名目给班主任赠送礼物或钱财，希望与班主任建立起更加密切的私人关系。这类问题若处理不当，既会影响班主任的职业道德信念，也会为班主任的后续工作陷入被动埋下伏笔。班主任须巧妙处理，既坚持原则，又不伤家长的脸面；既尊重家长的需求和期盼心理，又引导家长进行合理交往。

有些时候，这类事件是可以预见并能够避免的，比如班主任可以谢绝家长到家来访、拒绝家长的宴请，并邀请其到办公室面谈等。即便如此，有时也会遇到意外情况。记得有一次，我在路上遇到一位家长（事后我断定，这位家长应该一直在此处苦苦守候），她硬是将一张超市购物卡塞到我口袋里，然后迅速离开。我只好暂时收下，回校后写了一封感谢信，感谢她的心意，并将购物卡装在信封里，放学时让其孩子带回去，悄无声息地解决了这个问题。

人与人之间那种伙伴、战友般的情谊，都是在共享、互动中产生的，而不是在物质基础上产生的。和谐健康的家校关系需要有原则做底线，也需要教师和家长保留一定的距离。其实，只要我们本着一颗无私的心，真诚、公平地对待每一个孩子，用实际行动表现出自己的负责与公正，我们就可以让家长放下心来，主动与我们建立健康的家校关系，真正为教育助力。

（6）统筹协调 —— 着眼整体

班主任除了自己要做到巧妙化解与家长的隔阂，还需积极帮助科任教师处理好与家长的关系，只有这样才能真正做到家校同心，发挥班级管理的“整体效应”。

体育训练问题常常导致科任教师与家长之间发生矛盾，近期班级中又发生了这样的事情。一位成绩突出的学生篮球打得很棒，体育老师希望他能加入篮球队，该生欣然接受，但他的父母坚决反对。反对的理由是篮球训练会占用很多时间，会影响孩子的学习；同时，孩子的自制力不够，容易受同伴不良习气的影响。我从中协调，告诉家长，科任教师也是因为担心训练时间过长会影响孩子学习，所以特意在离比赛只剩半个月时才让孩子加入球队，要知道其他队员早就开始训练了；另外，球队里的孩子虽然成绩不太理想，但勇于拼搏，远没有想象中那般糟糕。家长听后，为之前对科任教师的误解而满怀愧疚。

若把一个班级比作一支球队，学生便是运动员，科任教师便是教练员，而班主任则是领队兼主教练。班主任若与科任教师融洽相处、通力合作，则能对学生的情感发展起到潜移默化的作用。此外，班级建设和学生成长离不开科任教师的协同教育。班主任需要有全局观念，既帮助科任教师搞好与学生的关系，又帮助科任教师搞好与家长的关系，尽可能多地为科任教师创造与学生、家长增进感情的机会，补位而不越位，补台而不拆台。

3. 赢得信任，根上着力

据调查，70% 的教师认为自己缺乏与家长沟通的技巧。其实，如果班主任能关注身边的一些细节，细水长流，与家长建立起互相信任的关系、促成家校合作并不是困难的事情。

（1）多管齐下——形成立体

家访。每接手新的班级，我都会在第一时间根据学生的住址划分好区域，有计划、有步骤地进行“地毯式”摸底家访，全盘了解每个学生的生活和学习环境，包括家庭居住条件、家庭成员构成、父母职业、父母感情、家长心理期望、作息时间、人际交往情况、家务劳动情况等，做到心中有数。在此基础上，我还会就一些特殊问题进行有针对性的家访，以便具体问题具体分析，由此实现家访工作的“点”“面”结合。有时我还会请科任教师一同家访，由我向家长反馈孩子的整体表现，由科任教师反馈孩子的学科学习情况。这样做更是事半功倍。需要强调的是，班主任家访不可打无准备之仗，要精心梳理学生的在校表现并准备有针对性的建议，家访之后还要持续关注教育效果。家访时，我总是带上相机，将学生在家学习、生活的场景定格，在走进学生家门的同时，也走进他们的生活和心灵世界。

电话联系。每接手新的班级，我都会在第一时间把自己的电话号码告知家长，以便及时联系。我也会在第一时间整理好班级的通讯录，包括家庭住址、家长及学生的手机号码，一有变动及时更新。如此一来，家长便会从内心深处认同这样的班主任，并乐于配合，积极支持。

联系本。学期初，班级统一购置 50 页厚的软面抄，每人发两本。其用途是左页抄写当天的学科作业（包括学校通知、需准备物品等），并且留五行用于家长留言，留五行用于教师留言；右页整理好题、难题、易错题，并且留五行用于学生留言。通过这个联系本，家长、学生、教师之间可随时进行无声的交流，十分简便。而且由于是书面形式，因而可以有充分的时间做准备，完整表达意思。有时我甚至会留书信，把平时说不出口的“肉麻”话写在上面，或是将一些平时难于开口的要求写入其中，以取得家长的支持与谅解。

校讯通及短信。班级取得了好成绩，或者有学生取得了可喜成果，我都会在第一时间通过校讯通或短信把喜讯发送到每个学生家庭；学生取得了进步，发个短信报喜，告知该学生家长；过节时，发条简短的祝福或问候短信；考前备战时，通过短信为家长们提供温馨小贴士……这些虽比不上面对面的交流来得真实与自然，但也不失为一种灵活的沟通方式。

家长会。方式上，有时是全体家长，有时是部分家长，有时是分批进行；筹备上，不疏细节，诸如绶带、桌签、温馨提示语等，一应俱全；内容上，有汇报班级近况、家校协商、征集金点子等。

家长接送学生时的交流。临近放学时，我经常会到校门口转悠，这样可以在“不经意”间遇见一些家长，向他们及时反馈孩子当日或近几日的表现，既具有针对性，又经济便捷；既能像家访那样深入交谈，又能“短、平、快”节省时间。

邀请家长到校面谈。我会事先充分了解学生，包括他们的学习成绩、性格特点、优缺点、家庭基本情况等。在此基础上，拟一份简要的谈话提纲，做好预设，以免谈话内容重复或雷同；简单记录谈话内容，并整理一份交给家长，一来可以帮助家长回顾要点并对照实施，二来可以在下一次谈话前浏览一遍，使各次谈话具有连续性。这样的谈话，既有的放矢，又让家长充分感受到教师的诚意和对自己孩子的特别关注。

家长座谈。班主任可以事先针对学生的家庭情况、家长期望以及教育方式等进行问卷调查，然后利用个别谈心的机会对学生的道德品质、行为规范、心理素质等进行调查，这种定性的研究分析，可帮助我们相对客观地把握学生的内心世界和外部环境等信息。在此基础上，再适时开展家长座谈，邀请相同类型学生的家长共同研讨，由此改变教师出主意、家长照着办的被动局面。

以上方式，各有所长。家访如同中医，多用于调养身体和治疗慢性疾病；而校讯通、短信、QQ、电子邮件等形式则如同西医，多用于急症。两者协调，才能防治结合。利用好各种沟通媒介，多方位实现优势互补，如此才能全方位地与家长维系好情感。相信赢得了家长，也就赢得了教育的主动权。

（2）急人所急——未雨绸缪

我平时非常留心家长的关注点，其中孩子的座位问题是他们普遍关注的。家长担心自己的孩子因座位太偏太远而看不清黑板，担心孩子受周围喜欢捣乱的同学的干扰而影响听课效果，他们尤其排斥和畏惧最后一排座位。在他们眼里，坐最后一排几乎是“差生”的代名词，类似于古代的充军，谁无可救药了，谁就会被发配到最后一排。问题是总得有人坐最后一排呀！这成了班主任老师十分头疼的问题。有些班主任指望家长和学生能够通情达理，这显然不太现实，因为他们即便表面答应了，心里也会很不乐意；有些班主任根据“左右轮换、前后滚动”的原则，每周调整座位，从表面上看每个人都有机会享受到最佳地理位置，殊不知这样做费时又费力，而且无法从根本上解决问题。

对此，我努力改变思路，试图“唤醒”最后一排。我赋予最后一排以特别的内涵：不是谁都有资格坐最后一排的，只有那些个子高、视力好、某门学科成绩突出、富有责任心、担任科代表的同学才有资格坐最后一排，因为这样方便收作业。如此一来，坐最后一排竟成了一种荣誉和奖赏，学生竞相争抢。座位问题迎刃而解。

优秀的班主任应该善于预见并解决问题，应该让工作充满主动性，须知主动工作与被动工作，其效果是相差甚远的。虽然教育中会有很多偶发事件，但许多事情还是可以预见的，班主任需要明察秋毫。有些时候，我们需要从家长的角度考虑问题，急人所急，想人所想。以座位为例，不可否认，在我们的教育教学中确实存在着“后排”现象，那是一个容易被遗忘的角落，所以家长畏惧、学生忌讳。但在本案例中，教师巧妙转化思维，做了“变式处理”，于是从根本上解决了问题。

（3）关爱学生——借力使力

学生的一言一行，可能不是班主任关注的重点，却是其家长关注的全部，所以家长对班主任的态度，很大程度上受孩子的感情和观点的影响。为此，我用心关注每一个孩子的成长，因为这既是教育的本质，也是取得家长信任的前提。比如，班级中有不少进城务工人员的子女，我在细心观察后发现，这些孩子普遍对“民工子女”“农民工”“外地户籍”等字眼比较敏感。他们的人生字典里不该因为有这些字眼而存在“自卑”二字，我必须努力帮他们拔除。同时我也明白，对他们的关爱更需谨慎和隐秘，否则将事与愿违。

在庆祝“同学节”（我们班自创的节日）的班会课上，我精心设计了这样一个环节：请非杭州市区的同学用方言说一句话或讲一个笑话，其他同学猜测其中的内容。全班同学兴致高昂，他们甚至用方言为《简·爱》中的经典片段配音。那各具特色的方言，给全班同学带来了另一种享受，并在悄然间淡化了进城务工子女对户籍的敏感和自卑。

同时，我还常常在放学后留在教室里办公，因为这些孩子的父母普遍回家较晚，所以他们就索性在学校完成作业，我于是利用这段时间与他们谈心。此时，大多数同学都已回家，校园里十分安静，正是师生交谈的良好时机。这样做，不仅解决了学生的问题，也让他们父母心上的一块石头落了地。

毋庸置疑，家长真正关心的，是教师是否关注他们的孩子，当他们相信教师是在真诚地关心和帮助自己的孩子时，双方的合作才有可能实现。可以说，家校沟通的着力点是学生，唯有在这个点上着力，教师才可能与家长有实质性的交往。而学生是十分敏感的，他们常常毫无保留地向家长反馈学校、老师、同学和班级的情况。上文中，当学生把这些看似“细小零碎”却饱含教师真诚关爱的点滴故事告诉给家长时，家长无疑会感动于心，教师也无疑能因此赢得家长的信任和支持。

（4）精进业务——给人信心

情感的培养，需要从信任开始。要获得家长的信任，班主任需要用心经营“放心”二字。“放心”，与其说是家长对班主任工作的认同，不如说是一种类似于“同盟”的情感依托。如果班主任自身的业务水平不尽如人意，那么家校沟通做得再积极，也只能停留于表面，只能流于形式。

为了让家长放心，我努力提高自己的业务水平，用心修炼自己的语言，为自己的话语补充“钙”质，从而更有效地与人交谈，包括与家长对话；我还时常静心阅读，有时也为家长推荐一些合适的书目，以书为载体与他们进行交流，同时帮他们提升家庭教育水平；我还用心记录学生成长的点滴，以便“零存整取”。于是渐渐地，我的话语中多了一份深刻，我的文字中多了一些流畅，我的工作中多了一股灵气。我成了《班主任之友》《班主任》《中学政治教学参考》的封面人物，在杂志上开设了个人专栏，在全国范围内做了300余场专题报告……家长们在啧啧赞叹的同时，也放心地把孩子交到了我手上。

我还在家长面前积极宣传科任教师的优点和敬业精神，并从科任教师的角度肯定孩子的种种进步和闪光之处。家长因信任我而信任我所宣传的人，于是获得家长支持的不只是我这一个“点”，更是班级教师队伍这一个“面”。

班主任只有拥有过硬的实力，才能赢得家长的信任，才能在后续的教育教学工作中取得他们的支持。同时，家长对班主任的信任会自然地传递给学生，给学生带来积极的心理暗示，而学生也会将这份好感无意识地表露出来，从而让班主任更自信、更灵活地开展班级工作，最终形成情感上的“良性循环”。试想，若是家长对教师心存疑虑，甚至有所轻视，教师日后的工作将多难以开展！

（5）积极联系——重在平时

一旦发现学生身上的不良苗头，我会及时联系家长，防患于未然。一旦发生紧急情况，诸如学生身体不适、意外受伤、有违纪行为等，我更会在第一时间联系家长。比如，对迟到十分钟的学生，我会马上联系其家长，询问他们的孩子是否身体不适或起床过晚，一来可以了解原因，让自己掌握教育的主动权，二来也让家长感受到我对他们孩子的关注。遇到因生病而几天未到校的学生，我还会亲自前去探望。记得有一次，班上一个从未迟到的男孩没来上课，而且也没有请假。我觉得事有蹊跷，但反复拨打电话都是关机（他们家没有座机）。于是我赶到他家里。令人心酸的是，他发着高烧，独自一人躺在床上。原来他妈妈近几日一直都在外地（他家是离异家庭），家中无人照料，雪上加霜的是他的手机也停机了，别人根本无法联系上他。于是我请好假，送他上医院。事后，孩子的妈妈不住地感谢我，孩子也越发地敬重我。

学生的个别问题，如作业未完成，我也会及时告知家长，并询问孩子在家中的近况，既让家长感受到我对他们孩子的重视，也在无形中给他们一份压力，使他们更好地参与协同教育。值得一提的是，与家长的积极沟通还能避免一些不必要的矛盾。比如，2010年元旦，我照例带着一批学生前去看望一位92岁高龄的老红军（这是我所带班级的传统项目，一届毕业，就把“接力棒”交给下一届）。结果在与老红军告别时，一个冒冒失失的男生撞上了停靠在路边的一辆汽车，大腿处被蹭掉了一小块肉。我赶紧送这位男孩去医院，同时跟他的家长联系，须知这位家长并不太好说话。家长闻讯赶来，虽心疼孩子，但了解了事情的原委后，只责怪孩子冒失，并一再赞扬班级的这一活动很有意义。

农人要抓农时，军人要抓战机，班主任也要抓沟通的时机。最好的时机不在事后，而在平时，班主任要以关心孩子的态度同家长保持经常性的接触，同时表现出一种与家长平等交流的真诚愿望，并有意识地组合彼此的教育要求，如此细水长流，常作不息。这样做既能对学生有一个更全面、更真实的了解，有时还能及时发现不良苗头以防患于未然。这种平等交流的真诚愿望，反映了教师对教育力量的尊重，也展现了一种对话的姿态。

（6）共商班事——协同教育

> 不可否认，家长的教育水平会随着社会进步而逐渐提高，他们的许多思想值得班主任借鉴，家长作为旁观者有时反而更容易发现班级管理中的一些问题。所以，我经常主动组织家长参与班集体目标的制订和班级文化的建设，班级一旦新立了规定或新采取了措施，我都会在第一时间告知家长，并征求他们的意见，从而表达对他们的尊重，让他们觉得教师可亲可信，并诚心诚意地支持和配合教师的工作。
>
> 除了利用家长会集中商讨班级事务外，我还积极发挥家长委员会的作用，使其充当家校沟通的桥梁。家长委员会有明确的分工：联络部负责整理家长的联络方式，建立QQ群，组织家长和教师定期联谊；活动部负责策划与组织家校互动；宣传部负责班级特色宣传，为学校和媒体提供素材；调查部负责收集建议并提交给班级；实践部负责搜集家长信息，为班级学生参加社会实践活动提供便利。如此一来，家长本身就成了一笔近在眼前的教育资源。

我们所倡导的师生间的“民主”“共享”“互动”关系，同样也是家校联系的目标。由于家长和教师扮演着不同的社会角色，处于不同的社会环境，双方在经历、经验、思想水平、知识能力上存在着明显的差异，因此，他们在教育孩子方面具有互补的必要性和可能性，这种互补，可以为双方的自我提高提供契机。所以，班主任要放下“教育权威”的架子，倾听家长对教育的理解，了解他们的教育关注点及困惑，与他们并肩作战，让家校关系逐步从分享信息走向协调配合，最后实现多方共赢。

（7）多多肯定——正面引导

孩子需要正面引导和鼓励，其实家长也是如此，家长与孩子是荣辱与共的，表扬孩子，家长就会觉得十分自豪；同样，肯定家长，孩子也会觉得脸上有光。

家长会便是一个很好的载体，影响面广，带动性强。家长会上，我常将赞美全体家长和赞美个别家长相结合，赞美他们关爱孩子，关心班级，素质高，不护短，懂得感恩等，通过赞美起到正面导向的作用。有时我甚至不惜“杜撰”情境以进行表扬：“每次遇到我们班的家长，我都会听到他们不住地表示感谢，感谢班级老师的敬业和付出，在此，我代表班级所有老师对家长们的认可深表谢意，我们也将一如既往地敬业下去……”不难想见，我在路上再次遇到家长时，他们的感激之情会更加强烈。从表面上看我是在肯定家长，其实也是在拐弯抹角地肯定班级及教师团队。

家长会上的表扬，往往是“风来疏竹，风过而竹不留声”。为了得到家长的持续关注，班级还评选出了优秀家长。多番斟酌后，我们制定了如下评选标准：思想上，能经常与孩子谈心；学习上，重视孩子的学习成绩但不以成绩论英雄；生活上，能营造出一个舒心的家庭环境，同时重视孩子的劳动权，让其做些力所能及的家务；谈话时，做平等中的首席，民主协商又能果敢决断；细节上，严于律己，以身作则，且能与人友好相处。这些标准十分简单，容易操作，不论最后能否当选为优秀家长，家长们都会朝着这个方向努力，并审视自己的言行，这无疑有助于提升家长的形象进而提升家庭教育的质量。

不过，必须说明的是，对家长的表扬应注重精神层面，若是注重物质层面，结果会适得其反。有个别班主任以“某某家长为班级资助多少钱财”为由对其进行表扬，这样会让富有的家长占尽先机，而经济条件一般的家长则惴惴不安。

在教育中，表扬学生是常见的事，但表扬家长却鲜有耳闻。其实表扬家长，不仅能激发更多的学生追求上进，还能通过亲情效应，为班级发展营造出良好的整体环境。表扬的机会处处都有，班主任只要做一个敏感的人，拥有一颗善感的心，就会发现身边每一个人都值得我们欣赏。善于赞美家长，用赞美打开家长的心扉，会使家长很乐意与你结为联盟，从而形成一股强大的教育合力。家长在支持我们的同时，也会在不经意间替班级做宣传，而这种宣传其实是教育最好的活广告。

（8）细节关怀 —— 以情动人

细微之处见真情，点滴之间暖人心。一些不那么惹人注意的细枝末节，若是班主任用心对待，将会散发出意想不到的迷人光彩。

比如，每个班级都有家境贫寒的学生，这类学生尤其需要班主任的关注。有些教师为了追求“高效”，会直接问学生：“我们班有没有低保户？”开始时全体同学会保持沉默，之后大家会把目光齐刷刷地聚焦到某位同学身上，最后这位同学才很不情愿地举起手来。其实对一个学生而言，最难培养的是自尊心，而最易摧毁的也是自尊心，班主任一个细小的失误，会很容易摧毁这类学生的自尊心。爱，有时不能直白、不应张扬，它需要隐形，需要隐藏。

所以，我宁愿“多此一举”：每学期开学报到时，学生需要交伙食费，学校的政策是，凡家长有市低保证的，可免除这笔费用。于是我先用校讯通询问家长，得到回复后再与那些有低保证的家长电话联系，让他们配合我演戏 —— 先让他们的孩子与其他同学一样上交伙食费，然后再偷偷地把这笔费用还给家长。这样的做法，家长怎会不感动于心呢？

和家长建立良好关系，靠的不是技巧，更不是圆滑，而是班主任发自内心的对家长的欣赏、尊重和关怀，只有这样，才能在电光石火之间产生情感的“化学”反应。

总之，在家校沟通中，班主任不仅要起到桥梁和纽带的作用，更要发挥整合和凝聚的作用。班主任要树立“一盘棋”的思想，充分发挥“车马兵卒”各方的力量，形成教书育人的最佳组合，产生教育的“共振”作用。这是教育的远见，更是教育的智慧。

酿一滴神奇的蜜

——奖励学生的艺术

有这样一个故事，很值得玩味：一群孩子在一位老人的家门前嬉闹，吵嚷尖叫，老人不堪其扰。于是，他想了个办法，给每个孩子 25 美分，并对他们说："你们让这儿变得热闹，我觉得自己年轻了不少，这点钱表示谢意。"孩子们很高兴，第二天一如既往地来到这里。老人这次给的是 15 美分，他说自己没有收入，只能少给一些，孩子们仍然兴高采烈地走了。第三天，老人只给了 5 美分。孩子们勃然大怒："一天才 5 美分，知不知道我们有多辛苦？！"他们发誓再也不为老人玩了，于是，老人的家门前恢复了宁静。

奖励是对人的某种行为给予肯定与表扬，以使人保持这种行为。但并非所有的奖励都能使人保持原来的行为。心理学中有个著名的"德西效应"，意思是当一个人在进行某项愉快的活动时，给他提供奖励反而会减少这项活动对他的内在吸引力。故事中的老人正是巧妙地运用了"德西效应"。孩子们本是为了自己的快乐而玩（内部动机）的，而老人却施以奖励，悄悄改变了孩子们玩的动机，让他们为了美分而玩（外部动机）。而随着奖励的逐渐减少，孩子们开始变得心有不满，兴趣降低，逐渐滋生怨艾，并最终放弃了这种行为。老人于无声处解决了问题，了无痕迹，怎一个"妙"字了得！

由此，我不禁想到，当前教育中就有不少教师本想通过奖励来激发学生参与学习或活动的兴趣，却因使用不当，无意中上演了"德西效应"，违背了奖励的初衷，影响了教育的效果。那么，教育中的奖励误区具体表现在哪些方面？如何让奖励回归阳光生态？我留心观察身边的种种现象，并试着根据自身的实践提出自认为可行的建议。

一、奖励的误区

如今，在全社会大谈成功教育、赏识教育的大“好”形势下，许多教师对赏识有着狭隘、片面的理解，认为赏识就是奖励，不管学生表现如何，一味叫“好”。而惩戒似乎已被遗忘，越来越多的教师在评价学生时不敢涉及一个“不”字，唯恐因此扼杀了一个个“牛顿”。于是诸多不当的奖励，让教育迷失在一个生硬、僵化的怪圈里。

1. 倚重物质，浅层刺激

留心观察后你会发现，有些班主任在开设班会课或是组织活动时，常像魔术师一样不时“变”出奖品来，奖给那些积极参与的学生，而学生由于受到奖品的刺激，个个热情高涨。那些得到奖品的学生，或摆弄奖品，或嬉戏打闹，或眉飞色舞，根本无心继续参加活动；还没得到奖品的学生则一心只想着奖品，眼看着它们逐渐减少，便开始争抢表现的机会，甚至为此吵嚷起来，结果教师还得多费一番工夫维持秩序；奖品发完后，一些学生最终还是一无所获，于是响起唏嘘声、哀叹声或不满声。教师本想以奖品进行刺激和助兴，结果却事与愿违。

不只班会课和活动中会出现这种情况，在平时，我也常见到教师把奖品当作激励学生好好表现的诱饵和筹码。不可否认，这种可感的实物奖品确实能引起学生一时的兴趣，也能在一定程度上提高他们的积极性。但再度审视这种热情，我们不难发现，很多学生的注意力和兴趣只是被奖品所吸引，他们把获得奖品看成是参与活动的主要目标。他们更多的是为了物质的索取，而不是活动的参与，其中所激发出来的兴趣也是短暂的、浅层的。这样的奖励，容易使活动只具备娱乐性，而缺乏发展性。

2. 滥施奖励，过则为灾

对后进生，许多教师一提到“惩戒”就讳莫如深，唯恐被扣上“伤害后进生自尊”的帽子。有教师曾坦率地表达了对奖励的理解：“传统教育似乎总是一味地批评、指责、否定后进生，使后进生缺乏自信心。现在提倡赏识学生，认为好孩子是‘夸’出来的，所以只要后进生有一点儿闪光点，就要重重奖励。”这种无原则的倾斜赞美，使得有些学生认为获取荣誉太容易，甚至产生了“无论我做什么事、无论我怎样做，老师都不会批评我”的误解。

也有不少班主任在班级内采用“量化评估”的办法，并为此制定了相应的奖励和惩罚细则。如有的班级规定，加分可按上课回答问题的次数进行。重赏之下必有勇夫，这条规定果然引发了学生积极思考、踊跃发言、争相表现，课堂上下一片热闹。但留心观察，我们就会发现，这些回答基本都很浅层，悬浮于表面，因为学生是冲着分数而来的，而不是问题本身。更有趣的是，一位老师丢失了一串钥匙，结果被学生分几次送到班主任处。原来该班规定，凡拾物交公者，可在量化积分上加分，于是才出现了这种匪夷所思的事。

“物无美恶，过则为灾”，上述这些不求实效的“廉价奖励”和“过度关怀”，非但不能真正激发学生进步的动力，反而会把他们引向歧途。这种过度奖励包裹着的浮华，会使学生产生“依赖症”，如同吃“精神鸦片”，有奖励就兴致盎然，没奖励就无精打采，从而逐渐形成不给好处不出力的不良品质，歪曲了努力的方向，甚至影响了正确人生观的确立。过多的廉价奖励还会使学生形成浅尝辄止和随意应付的态度，使他们失去对自己的客观认识，表现得过于自信，虚荣浮躁，而一遇挫折就一蹶不振。

3. 招安封官，逢迎贿赂

班上有几个破坏力很大的捣蛋分子，常有出格的言行，班主任几番教育后仍无效果。怕他们再惹事端，班主任便对他们进行“招安”，封以诸如“纪律委员”“体育委员”“卫生委员”之类的头衔，期望以此使他们“投降归顺”。这些人一开始表现还可以，而后却逐渐恢复原样，甚至滥用权力或逾规使用暴力。其他同学见这些人有班主任“撑腰”，往往敢怒不敢言。于是班风每况愈下。

为学生创设一个契机，给他们一个表现的机会，这本来是无可厚非的，但是，如果以牺牲公平来求得暂时的安宁，那么，这样的策略实质上便成了一种无原则的给予。可许多教师往往为此举披上一件“迷彩服”，美其名曰给学生一个施展的舞台。其实，这绝非教育智慧，相反，这是一种教育无奈与软弱的表现。当其他学生见到有人言行出格却能受到特别的关照时，他们可能会自觉或不自觉地降低遵守纪律的积极性，甚至会效仿他人破坏纪律的行为以获取教师的关注，从而使班级滋生出歪风邪气。

4. 虚假奖励，形同诱饵

有些教师要参加诸如“教坛新秀”之类的先进评比，必须过学生评价的“关”，为了让自己获得好评，他们极尽表现：或是买来众多小物件，变着法子奖给学生；或是一改平时的冷漠态度，对学生嘘寒问暖，走“亲民”路线……然而，待学生评价环节一过，一切恢复原样。

还有些教师承担了公开课展示活动，为了取得最佳的活动效果，他们事先对学生许以优厚条件（诸如带他们去爬山、请吃肯德基等），以此“调动”学生的积极性。学生一听回报如此丰厚，便热情高涨。活动圆满结束后，学生兴冲冲地去找教师讨要奖赏，此时教师却一脸无奈，或推说学校不允许，或改成其他差一些的奖品，或拖延时间直到最后自然“遗忘”。这些行为都让学生大失所望。

教师承诺的这些奖励，如同诱饵，纯粹是为了谋求其自身的利益。它的弊端是显而易见的：一是容易误导学生，长此以往，会使学生条件反射般地读懂教师一改常态的“热情”与“大方”；二是容易麻痹自己，既然小恩小惠就能收买学生，短期投入就可获得高额回报，平时何苦费神费力钻研业务？由此走入歧途。更可怕的是，如果学生将对这位教师的判断推而广之，认为其他教师也是如此虚情假意、言行不一，则教师的群体形象将会受到影响，教育功能将会弱化，真是后患无穷。

5. 关注两极，失之偏颇

有一位成绩一般、言语不多、从不惹事的学生，曾在作文中这样写道：“除了上课提问偶尔光顾到我之外，上学期班主任一句话都没和我讲过。只有陆某某、王某某这样的好学生，或者谢某某这样的‘能人’，才经常被奖励、被表扬。唉，我是两边都不靠的‘夹心层’，真希望自己也厉害一些……”

大多数教师的目光总喜欢投向“两头”学生：表现好的学生自然引人注意，招人喜欢；表现欠佳的学生也容易引起教师的注意，并能得到一些特殊的关照。而对班级中占大多数的中等生，教师一般不太过问。这批看似无须教师操心的学生被“合情”地遗忘，被“合理”地冷落，他们自我展现的机会被压缩，等于遭到了变相惩罚，致使教育的天平失衡。教师的这种做法容易使这些学生产生“有我没我都一样”的感觉，并从此变得冷漠，自我意识日渐淡薄。

6. 导向错误，引入歧途

有些学生或因迟到，或因穿戴不符合要求，在见到校门口有值周同学把守时，怕班级被扣分，便“随机应变”：或谎称生病掉头回家，或声称自己是其他班的学生，或等值周同学离开后才进校门，以此躲过关卡。还有一些学生，在做课间操时，或因穿戴不符合要求，或担心动作不规范影响班级整体风貌，也谎称生病躲在教室里……对这些现象，有些班主任的评价是“很有集体荣誉感”。于是，越来越多的学生在类似问题上做手脚、编谎话，班级从此日渐散漫、无序。

教育存在着最基本的评价标准，我们在强调尊重学生个性差异的同时，不可忘记这一点，否则会使学生在发展个性的过程中，忘掉最起码的道德规范和社会责任感。可以说，正义是奖励的灵魂，没有灵魂，教师的奖励就没有生命力，更谈不上激励和导向作用。面对学生一些明显错误的投机做法，有些教师不是提出批评和指正意见，而是默认甚至是大加赞赏，长此以往，势必会影响学生正确人生观的形成。

7. 带刺表扬，明褒实贬

有些表现不佳的学生，偶有进步，即受到教师的表扬：“今天某某同学表现不错！”教师原以为这些学生会因受到表扬而倍感喜悦或鼓舞，谁知他们面无表情，如同什么事都没有发生过一样。也有些教师想通过表扬张三的方式来刺激李四：“你看人家张三都能做到。”再看张三，脸上没有任何欢喜之情，低着头一声不吭。

还有些教师在表扬一个学生的同时，打击了一大片。比如教师好不容易批阅到一本高质量的作业本，便马上扬起本子展示给全班同学看，还不忘来一句“看看人家的作业，再看看你们的作业，简直是糟蹋本子”，全班同学沉默，那个被表扬的同学也是低着头，如坐针毡，担心成为“靶子”，被同学嘲讽。

“今天表现不错”，言下之意，以前一定表现不好；“你看人家张三都能做到”，不言而喻，这个张三一定不怎么样。教师看似在表扬学生，实则给学生带来了一种潜在的压力与挫败感。教师一旦话中带刺，哪怕是无意的，也可能对学生造成伤害，并折射出他对这些学生一贯的态度。那种“表扬一个，打击一片”的方式同样不可取，教师在盛赞一位学生的同时，有意无意地伤害到了其他学生，在教师生硬的比较中，其他学生都显得相形见绌，成了被表扬者的参照物，从而容易产生不满心理。

8. 错位奖励，误人终身

有个学生成绩很不如意，又没有什么特长，因而表现得很沉默甚至有些颓废。班主任为了开导他，问他有何爱好，他说他喜欢唱歌，于是班主任鼓励他大胆唱歌。每当这个学生稍有进步，班主任便安排他在班级中一展歌喉，以此创设机会让该生体验成功的感觉。于是该生越来越认为自己很有唱歌的天赋，这在一定程度上帮助他克服了自卑心理。他在班级中日渐开朗起来，但音乐老师坦诚地指出，他并没有唱歌的天赋。毕业后，该生执着地认为自己可以做一名歌手，并为实现这个理想而四处寻找机会，但各音乐院校都拒绝了他，连酒吧老板都好意劝他，说他不仅没有舞台感，连什么是“和弦”都不懂。就这样，在无数次碰壁后，他逐渐由满怀激情变为彻底失望。

这个学生因班主任的鼓励而日渐开朗起来，但也正是班主任错位的赏识和鼓励，使他贻误终身。教师善意的谎言，虽然为学生编织了一个美丽的梦，但这个虚幻的梦，也让学生成了一个缺乏自知之明甚至固执到有些执迷不悟的人，并在这个缥缈的梦中渐行渐远。相比一时的自卑，他终身的迷失更加令人痛心！试想，如果没有教师当初错位的鼓励，这个学生或许不会对唱歌抱有过高的期望，或许不会为此执迷不悟，或许能抓取够得着的“果子”，让自己的人生过得相对充实。

二、奖励的艺术

如何奖励，才能既激励学生积极表现，又能为其后续的行为注入恒久的动力？答案是多角度经营，让奖励平中见奇，回归阳光生态，彰显情感的磁力和智慧的张力，从而占领育人的先机。

1. 变换方式，鲜活有趣

每个人都喜欢新奇有趣的东西，若教师不断变换奖品，或变换奖励的方式，便能在教育中实现“四两拨千斤”的效果。

（1）变换花样——常换常新

> 我总是将奖品变着花样发放给学生：A. 图书杂志，比如《读者》等，并告诉学生“腹有诗书气自华”，读书是为了使自己的生活更有精气神；B. 书券，让学生为自己的智慧“充值”，既传递了知识，又传递了感情，更传递了一种品质；C. 书签，并在背面写上一句自创的格言；D. 贺卡，用于节日奖励，并送上祝福语，既美观又实用；E. 教师本人的绝版照，并留个亲笔签名或赠送一句格言。

诚然，奖励往往需要借助一定的物品，但物品毕竟只是载体，学生更在乎的是它所包含的源自教师的那份信任和关爱。上述这些奖品，就其价格而言，都十分低廉，但其价值却不容小视。有了这些具有积极意义的物品作奖品，我们可以让教育变得富含情趣和意义。这样，奖品既是物品，又是一种目标；既是奖励载体，又是实现目标的一种通道；既与学生的心理挂钩，又与其精神品质挂钩。

（2）反向奖励——寓贬于褒

我们都应该熟悉那个著名的“四块糖”的故事：陶行知先生看到有个男生在用泥块砸同学，便当即制止了他，并要他放学后到校长室去。放学后，男生如约在校长室门口等候，可陶行知不但没批评他，还给他一块糖，说是对他守时的奖励，男生很是疑惑。陶行知又掏出一块糖，说这是对男生能听取他的意见而停止动手的奖励，男生更为不解。陶行知又掏出第三块糖，说这是对男生动手是为了保护受欺负女生的奖励。听到这儿，男生愧疚不已，并为自己的举动真诚悔过。陶行知掏出第四块糖，说是对他正确认识错误的奖励。从此，这个男生再也不打人了。

奖励与惩戒犹如“激励”天平上的两个托盘，缺了任何一方天平都会失去平衡。其实，只要教师能与学生形成彼此坦诚、关怀和尊重的关系，同时用发展、全面的眼光看待学生，即使指出学生的不足，学生也能感受到教师积极的期待。陶行知在欣赏了学生身上的正面因素后，通过委婉的语言和间接的方式，恰当地表达了对学生的期望，使表扬与敦促并行，寓贬于褒。他那些“表扬中有期待，期待中有鞭策”的话语，必定能长久地铭刻在学生的心里。

（3）悄然奖励——秘而不宣

班里有个学生很机灵，但又很懒散，作业常拖拉甚至不做。一次，在这位学生正确回答了一个较难的问题后，我让他课后到办公室来一趟。学生如约前来，我给了他一份奖品，这份奖品是一张纸条，上面写着“你的思维真独特”。学生兴奋不已，奔走宣扬。之后，我将这个办法推而广之用在其他学生身上，学生们个个都很享受这种奖励方式，并渐渐形成了“信里都是表扬”的思维定式。慢慢地，我开始针对某些学生的毛病写一些告诫的话语，而其他同学并不知情，仍以为是表扬信，这给了被批评学生充分的心理安全感，于是他们欣然接受，默默改进。最后，我把针对性习题、解题指导、注意事项、考试成绩、成败原因分析等内容也一一写入信中，并要求学生回信，如习题答案、学习困惑及其他心里话等。一切都“不露声色”，而学生们却在悄然间发生了重大变化。

本案例中，学生从信中所包含的“无声语言”中体验到了被表扬的滋味，因而渴望再次拿到秘信。而信件的传递方式带有一定的神秘感，这更使学生心驰神往。即便他们在信中看到的不再是表扬而是批评，但对他人而言这仍是个“秘密”，学生仍然乐于接受。最后，教师从根上着力，把学习的内容、过程及方法等写入信中，并要求学生回信，这种双向传递方式，早已超越了奖励本身，而成了学生成长的“跑道”。

（4）双向传递 —— 循环效应

我有时将彩色卡纸裁剪成书签大小，或折成各种形状，并写上一些适合背诵的内容或名言警句，以此作为奖品发给学生，结果发现学生对上面的内容津津乐“背”。受此启发，我适时推出一些难题，发现学生依然乐意接受挑战。接着，我鼓励学生把答案或疑问写在卡纸的背面送给我，学生的热情又一次高涨起来。再后来，我私下让在课堂上没有发言的学生把想和我说的话写在上面，从而避免他们产生失落感。

我联想到在日常生活中经常可以看到的一个有趣现象：医院门口一般都有鲜花店，探病者可以在此购买花篮送给病人，病人出院时如果花尚新鲜，就将其转送给清洁工，清洁工再将那些篮子卖给门口的鲜花店。这个流程中的每一个环节都是有意义的：卖花人做成了生意，送花人传递了感情，已痊愈的病人向清洁工表达了谢意，清洁工有了一笔额外的收入。本案例中的奖励方式，也产生了类似的效应：教师的奖励富有精神力量，鼓励学生积极表现，而学生的回应又表达了对教师的信任。教师的情感与智慧在这一过程中自然生发，并被不断强化。

（5）特殊定义 —— 赋予新意

大多数班主任在安排座位时，一般都是按照男女搭配、个子从矮到高、视力从差到好的原则进行的，多出来的位置往往在最后一排，而且往往都是那些调皮捣蛋学生的专座，成了人人避之不及的黑暗角落。我打破常规，将多出来的那个位置放到讲台前的第一排，美其名曰“首席座位”，并宣布只有表现出色或进步最快者才有资格坐到那个位置上来。结果那个座位一改往日的冷清状态，变得炙手可热，成了宝座。

教师的巧妙说辞赋予那个多出来的位置以神奇的色彩，为它披上了一件美丽的外衣，更赋予了它积极的含义，并在瞬间转化了学生思考问题的角度和方向，奖励的积极作用悄然显现。于是，原本人人厌弃的位置现在居然成了香饽饽，个中缘由，值得寻味。这种润物细无声的奖励方式具有独特的魅力，能让心与心之间产生互动。可见，多一种特殊定义，多一种激情，虽投入不多但会收到意想不到的成效，真是一种“省工”又“省料”的好办法。当然，使用这一奖励手段时要特别注意它的适用条件，别让自己的善意之举走向反面。

2. 关注动机，注重长效

奖励不应停留于物质上的刺激，还应着力于精神上的培养，这正如“糖衣药丸”，虽然糖衣能让药丸变得可口，但它只是引子，真正起作用的则是里面的药粉。同时，物质奖励需要事先准备，不可随时随地进行，其作用也是短暂的；而精神奖励则可以即时进行，起到的作用也是持久的，能让人终身受益。

（1）精神熏陶——无痕濡染

我不再局限于用物质进行奖励，而更注重荣誉和机会等精神奖励，如：A. 合影，与被奖励学生一起定格那温馨的瞬间。B. 评语，给被奖励学生量身定做一段精练的评语。C. 作诗，用学生的名字作藏头诗，并作为奖品送给学生，绝对独一无二。D. 冠名权，谁认领班级专项备品就以谁的名字命名该备品，谁参与创作就以谁的名字命名该作品，类似于体操比赛中的“李小鹏跳”和“李小鹏挂”。E. 新闻发布会，对被奖励学生进行即席采访，或为他举办简短的庆功仪式。F. 突袭式报喜，在学生不知情的情况下，给其家长打个电话或发条短信报喜，或与科任教师一起专程登门报喜。G. 专利，用学生的名字命名他们的小发明或具有独创性的学习方法和解读思路，如“某某发现”“某某猜想”“某某实验”“某某方法”等，并郑重其事地为之颁发专利证书。H. 共进午餐，与被奖励学生共同体验一次面对面的温情。I. 签名，可以是教师为被奖励者签名，也可以是被奖励者为班级作品签名，让其享受名人才有的待遇。J. 留名，让被奖励学生在班级荣誉册上写下自己的名字，并请他留言或按手印。K. 代言人，让在某方面有突出才能的学生担任“形象代言人”或“信息发布人”。L. 搭“凯旋门”，其他同学面对面排成两排，高举双手各自与对面的同学相握，形成一道长长的“凯旋门”，让被表扬同学欢笑着从“门”下跑过去。

作为教育手段，奖励是为了培养学生内在的、持久的精神动力，而不是为了给学生一时的满足。它虽不是童话，但需要有童话般的浪漫，需要有一颗可贵的童心。以上这些特殊的奖品，因注入了师生之间亲密无间的情谊和真诚平等的交流，而具有了强大的“附加值”，其“身价”和实效也随之成倍翻升，教育生活也随之变得浪漫轻盈起来，如同在水中加入一点儿茶，能顿时让平淡的水变得生动清香起来。不用说，这样的奖励彰显着教师的智慧。

（2）内在驱动——表里兼顾

我在教室的后墙开辟了“星光灿烂”和“成长足迹”这两个奖励园地（详细情况见第二辑“每个学生都想上光荣榜”）。前者每月一评，分设“尽责之星”“管理之星”“服务之星”“两操之星”等20个奖项，并张贴获奖者的照片，还在照片下方附上一段颁奖词；后者可以说是对学生成长轨迹的记录，学生获得的所有荣誉或奖项，都被一一记录其上。这片奖励园地不只是用鲜亮的色彩装点了教室，更成了一条“看得见”的学生成长的光辉路线。

这样的奖励方式，并没有倚重物质刺激，而是运用了“奖励内部动机”的原则，把视线落到了学生自身成长的需要之上，无形中帮助学生树立起“只有踏实付出才能获得奖励”的观念，从而在奖励和他们自身的努力之间建立起正确的关系。这样的奖励，内外互补，表里兼顾，可谓“物超所值”“一本万利”。

（3）激发兴致——意趣盎然

我根据班级学生的人数，买了62本简装名著，让学生轮换着阅读，然后签上自己的名字，学生兴致盎然。毕业后，我让每位学生带走自己喜欢的一本书，权当是对他们阅读的奖励。这样的奖品既是礼物又是纪念品，学生惊喜不已。

值得一提的是，我对学生的最高奖励是和我一起泡书店，师生一同在那里细细品味字里行间所蕴含的智慧，以此滋养心灵。有了书籍的“言传”和教师的“身教”，学生自是有了不一般的收获。其实，教师何尝不从中受益？因为读书也是另一种“备课”呀！

苏霍姆林斯基说过，如果你只指望靠表面看得见的刺激来激发学生的兴趣，那你就永远也培养不出学生对脑力劳动的真正热爱。上文中，教师不做学生学习的旁观者，而是做激发他们兴趣的启迪者；教师不再是学习结果的裁判员，而是摇旗呐喊的鼓动者。这些别具一格的奖品，激发了学生的学习动机，并让他们体验到了学习的快乐。可以想见，学生的阅读将如同汽车加了油、时钟上了发条一样充满动力，也将成为他们一种自发的行为。同时，不用说，学生对这些与众不同的奖品会倍加珍惜。

3. 发乎真情，感人于心

奖励不只是一种单纯的教学技巧，更是师生之间真诚的交往，它需要建立在发自内心深处的情感的基础之上，这也应该是所有教育行为的出发点。

（1）注入情感——倍添价值

有个学生讲话有些结巴，所以不大愿意举手发言。在他又一次把地扫得干干净净之后，我奖给他一颗话梅糖，并告诉他："吃下这颗话梅糖，再照着老师教的方法练习说话，试试看！"学生惊讶地看着我，结结巴巴地说："谢——谢——谢谢老师。"后来，话梅糖"果然"有效，他感觉自己的口吃症状越来越轻了。

感人心者，莫先乎情。有了教师真诚的爱，一颗极普通、极寻常的话梅糖便顿时被赋予了神奇的力量，消除了孩子的焦虑和自卑心理，给了他自信，让他充分感受到了教师对自己的关注和期望，并将其转化为进步的动力。教师的温暖，悄悄地融入了孩子的心灵，其作用之大真是让人感慨。这样的奖励，因为有了真情的内核，所产生的作用一定是持久的、深刻的，一定会在学生的心中留下不可磨灭的印记。

（2）奖其所需——物超所值

大雪飘飞，学生们看着厚厚的积雪一脸神往。我看到一个家境贫寒的学生衣着单薄，便当机立断，带领学生们去打雪仗。一番尽情玩乐后，我布置当天的作业：以打雪仗为主题，进行活动素描。最后，那位家境贫寒的学生得奖了，奖品是一条漂亮的围巾和一双厚厚的手套。这份奖品为她整个冬天带来了无尽的温暖。

本案例中，教师立足于真实的师生交往，把学生需要的物品当成奖品发放，让学生感到那不是施舍，而是自己应得的奖励。这种奖励方式，让寒门学子在享受温暖的同时，也享有一份平等和尊严。这样的奖励，以"奖"为主线，以"励"为终极价值取向，其核心是关爱，因而更显得无私和纯净，更能焕发出活力。这种助人而不欲为人知的方式，是教育的智慧，也是教育的境界。

4. 得体适度，不疏细节

若一个学生很少获得奖励，那奖励对他而言是充满诱惑的，是弥足珍贵的。而随着被奖励的次数不断增加，尤其是同一种奖励方式被反复使用，学生的兴趣就会逐渐减弱，奖励的价值就会越来越低。所以，对于奖励，教师需要周密考虑，不疏细节，尤其要做到得体适度，不缺不滥。

（1）点面结合——兼顾公平

班级中总有一些课堂活跃分子，他们思维敏捷，每次教师的问题一出，他们就能迅速接上茬。可这样一来，不仅其他同学的思考受到影响，他们自己的思考也停留在表面。如何既不伤害这些活跃分子，又兼顾班上其他同学，做到“点”“面”结合？我于是私下与这些活跃分子约定：“你们的思维很敏锐，可为了照顾其他同学，让他们也有答题的机会，以后你们要举三次手，才可获得一次回答问题的机会；如果回答有创意，可再获得一次答题机会，或者被奖励一道很有挑战性的题目。”活跃分子们欣然接受，他们积极表现，同时又保证了课堂的高效和有序。

我们经常会遇到这样的两难问题：如果尊重活跃分子，让他们畅所欲言，课堂就可能被他们垄断；如果为了照顾沉默的大多数，而一味压制活跃分子，或者对他们的表现欲视而不见，又会打击他们的积极性。本案例中的奖励措施，既鼓励沉默者积极争取发言的机会而不是依靠教师的“钦点”，又引导活跃分子学会谦让并关注自身思维的深度。这样做，既尊重了差异，又兼顾了公平，有利于和谐课堂氛围的形成。可以说，只有在这样的氛围里，教师的“调兵遣将”才能如鱼得水，而学生也才能得到长效的发展。

（2）注重低碳 —— 经济便捷

奖励既不可过量，也不可拘泥于某一种固定的形式，有时对学生的一个微笑、一个眼神、一个赞许，甚至是借用一支笔后的一声感谢，都是有效的奖励。这些奖励方式，经济、简便、直接，虽然无法衡量，也无法记载，但却传达了一份关爱，表达了一种尊重、信任和激励。

奖励要注意“发行量”，从而保证其“含金量”。只有做到得体适度，恰如其分，才能在平淡中见精彩，使学生处于一种积极向上的情感状态。这样的奖励，犹如“柔化剂”，可以消除紧张的情绪；犹如“强化剂”，可以激活思维；犹如“催化剂”，可以化解矛盾。当然，形式只是“佐料”，万不可喧宾夺主，牵强附会，否则，将会适得其反，弄巧成拙，给人一种画蛇添足之感。

（3）链接情境 —— 依境适用

在课堂上，我经常根据教学内容设置奖品，如在学习清朝历史时，我给学生的奖品是有关清朝12位皇帝的书签。这种做法，很受学生欢迎。我甚至将这一奖励方式延伸到班级活动中，比如在端午节，我准备了许多迷你小粽子，作为学生参与活动的奖品。因为是迷你型，所以价格便宜，而且多吃几只也不会有饱胀感，学生很是喜欢。

要使学生对学习内容感兴趣，除了教师要具备高超的教学手段和组织能力外，适时运用奖励也是一种行之有效的办法。它可以引导学生进一步探究、尝试和交流，那些有一定难度又十分有趣的问题，往往能激发学生的探究兴趣，同时又能在一定程度上给学生带来成就感。上文中，奖品与教学内容挂钩，这无疑能很好地集中学生的注意力，激发他们对学习的兴趣，从而使师生在愉悦的氛围中一起步入知识的殿堂。

（4）因人而异 —— 量身定做

当某个一向沉默寡言的学生提出一个好问题时，我会奖励他再一次质疑或独立释疑的机会；当某个胆小的学生声情并茂地朗读教材时，我会奖励他再读一小段；当某个基础较好的学生高质量地完成学习任务后，我会请他为大家讲解难题，或是奖赏他一道很有挑战性的习题，如果他本人解答有困难，他可以将其张贴在公告栏上“招标”，为此题做“广告”；当某个不爱背诵的学生出色地完成了一件任务后，我会奖励他帮语文老师批阅古诗词的默写，当他将全班的默写本批完后，他自己也已把古诗词背得滚瓜烂熟了。

世界上没有两个完全相同的学生，所以奖励一定要针对学生的实际情况，因人施“奖”，这样的奖励才是真诚的，才是充满关爱和期待的。学生能从教师富有情感的语言、丰富的面部表情和亲切的话语中，充分感受到那种殷殷期望。设想一下，如果我们的奖励都是针对“这一个”学生而设置的，那么丰富多彩、各具特色的奖励方式都将自然而然地萌发出来。

对奖励时机、奖励方式、奖励分寸的把握也是一门艺术，一门辩证、灵活、复杂、多样的艺术。如同厨师烹饪，同是一根萝卜，切块、切条、切片、切丁、切丝，吃起来都各具滋味。所以，同样的奖励方式，会因不同人的运用而效果各异。当然，奖励的终极目的是为了帮助学生养成并内化良好的行为，让其最终不需要奖励。

慎用、巧用这把双刃剑

——惩戒学生的艺术

时下，激励教育、赏识教育已成为教育的主流理论，这本是意在呼唤主体教育的回归，但在实践中却常常被当作教条推行。人们将教育的注意力过度集中在“正面教育”上，动辄指责惩戒，把惩戒和尊重人格对立起来，并时常将其上纲上线为缺乏职业道德和职业素养，这使得一线教师战战兢兢，如履薄冰。教育，是不是必须和风细雨、润物无声？惩戒，是否就是对“以生为本”的教育理念的背叛？如何正确看待惩戒的教育价值并合理运用，已经成了广大教师必须直面的重要教育问题。

首先，我们可以从心理学上的“破窗理论”中找到启示。一扇窗户被打破，如果没有及时得到修复，将会导致更多的窗户被打破，甚至整栋楼被拆毁。同样，一个学生具有破坏性的行为若不及时得到修正，将会导致其更多的破坏性行为，甚至整个班级都会被他影响。为了修正学生的行为，当正面说服、柔性教育难以奏效时，我们必须勇敢地拿起惩戒这把利剑，以免出现更多的“破窗”。对此，马卡连柯曾有一段精辟的论述：“我个人相信，惩戒并不真的有那么大的好处。但我坚信下面这样的事实：凡是需要惩戒的地方，教师就没有权利不惩戒。在必须惩戒的情况下，惩戒不仅是一种权利，而且是一种义务。”

其次，教育的功能在于人格的引领和行为的规范，前者主要依赖道德的濡染和熏陶，后者则需要借助一定的强制手段。如有人违反了相应的规则，就得对其施以适当的惩戒，强制其达到应有的规范，所谓“没有规矩，不成方圆”。如果放弃了应有的惩戒权利，教育就只剩下苍白无力的“语重心长”和脆弱不堪的“苦口婆心”；如果忽视了应有的惩戒义务，教育就成了轻描淡写的“隔靴搔痒”和不负责任的“放任纵容”。

所以，我们既要看到滥用、误用惩戒对学生造成的伤害，又要还惩戒以一席之地，让它回到它本该拥有的位置。

一、惩戒的误区

惩戒既然是一种教育手段，那就必须讲究可行性和科学性。它是一把双刃剑，能育人也能毁人。运用巧妙则能峰回路转，柳暗花明；运用不当则会山穷水尽，南辕北辙。可综观现今的惩戒，许多教师都在误用和滥用中走向了教育的反面，主要表现如下。

1. 秋后算账，迁列而罚

某学生连续几次迟到，班主任均视而不见，让其顺利进教室，最多随口一问：“今天怎么迟到了？”从未对此做深入了解。一次，学校领导前来巡视，该生老毛病又犯，刚好被领导抓个正着，反馈给班主任。班主任一听，觉得学生损了自己的脸面，顿时勃然大怒，厉声训斥该生，还不忘将该生的陈年旧账一一翻出。学生觉得班主任小题大做，开始顶嘴“以前都没事，怎么今天来说我”，师生陷入僵持。

所谓“赏不逾时，罚不迁列”，延迟惩戒会因时过境迁而使学生淡忘自己的过错，甚至会误以为教师在放任自己的错误行为。惩戒务必一事一议、就事论事，切勿搞牵连、翻旧账，学生最讨厌的就是教师“倒咸菜梗”，等错误行为累积到一定程度后再“揭伤疤”“算总账”，这样容易让学生产生情绪上的反感和对立，认为教师心胸狭窄、斤斤计较，是在找碴儿整他。所以，一旦发现学生有错误行为，教师应在第一时间予以相应的惩戒（当然“冷处理”方法除外）；如果当时的条件不允许，也应在事后及时创造条件还原情境，和学生一起回顾和总结当时的言行，帮助学生深刻认识自己的错误行为。

2. 轻率定论，急于定性

有些班主任一听班里有学生犯了错误，就不由分说，厉声指责。学生想申辩，教师却强势威逼："还插嘴？想狡辩吗？"不给学生陈述的机会，要求他们绝对服从。久而久之，一些倔强的学生开始反驳，据理力争，有时让教师哑口无言；而一些内向的学生则选择了沉默，有话不说，有理不辩，有苦不言，自暴自弃，意志沉沦；还有一些学生为了逃避惩戒，歪曲事实，隐瞒真相，想以此瞒天过海。

"没有调查就没有发言权"，教师在惩戒学生之前一定要充分了解事情的原委，仔细观察、用心聆听、耐心询问，以免造成"冤假错案"。同时，要更多地站在当事学生的角度分析和评价，找出事件背后真正的原因，而不是凭主观臆断和道听途说得出结论。教师在此基础上施以惩戒，会显得有理有据，既不失察，也不失度，学生自然会口服心服。如果不经调查就武断定性，轻率惩戒，就容易陷入被动，一些学生会心口不服，出言顶撞，甚至会制造出一些让教师"享受"不起的"回报"，对彼此都可能造成伤害。

3. 过早安抚，火候未到

有些班主任在对学生实施惩戒措施后，或因于心不忍，或出于对"打个巴掌给个甜枣"的机械理解，马上对学生进行安抚。于是有些学生为此量身定做了应对方案：每次犯错，一旦被发现，马上以极好的态度认错，痛哭流涕，言辞恳切，有时甚至要等班主任长时间抚慰才能平静下来。而之后，班主任这边尚未喘匀气，那边他却又犯了同样的错误，让人措手不及。

"打个巴掌给个甜枣"，指的是对学生软硬兼施，恩威并重，它需要班主任掌握好时机。过早给予，会因为惩戒的效果还未深入到学生的内心而使惩戒失去其震慑力，从而导致其“保质期”不长，甚至会被学生“利用”，使教师陷入被动。所以，惩戒需要受罚学生做出具体的改错反应后才能停止，只有这样，教训才能长久地留在学生心里。正如大教育家洛克所说，儿童第一次应该受到惩戒的痛苦的时候，非等完全达到目的之后，不能中止，并且还要逐渐加重。

4. 依赖学生，权力转让

因对“学生自主管理”存在不当理解，有些班主任将惩戒权全部交给班干部或专项任务责任人（比如计分员等），由此引发了班级管理中的一些“怪”现象：一些桀骜不驯的学生很不配合管理人，时常与之发生冲突，影响了管理人的正常学习和生活；一些惯于投机的学生对管理人进行“贿赂”，以阻止其向老师报告，从而逃避惩罚；一些管理人的过激处理使部分内向的被处罚者自卑、沉沦……如此种种，不一而足。

转让惩戒权力的做法是对问题的变相转嫁，是一种消极的不作为行为，也是一种对教育惩戒责任的放弃，由此会衍生出种种“副作用”。上述这些问题只能由班主任亲自解决，所以惩戒权必须掌握在班主任手里，在此基础上全班同学参与监督。当然，我们也需要防范另一种极端现象，那就是班主任依赖自身强权，一人制定惩戒规则，而且这些规则只针对学生，自己却成了凌驾于这些规则之上的特殊成员，这同样会使惩戒的“药效”大大减弱。

5. 雷大雨小，草草收场

有些班主任采用的惩戒方式是放学后将学生长时间“扣押”在教室里，令他们完成一定数量的学习任务后才“释放”他们回家。开始时学生不敢违抗，无人造次。之后，由于实施惩戒的难度很大（毕竟班主任很难一直陪伴学生），班主任在执行时开始半途而废，不了了之，从而给学生造成了“雷声大，雨点小”的感觉。偶有学生试探，发现“营地空虚”，于是大举进攻，从而不断有人“试法”，当初的惩戒宣告失败。

学生的一些过错行为尤其是一些习惯性的过错行为（如经常性迟到、经常性不做或少做作业等），非一朝一夕可以改变，需要教师持之以恒地进行监督、观察和引导，并随时改进教育策略。所以，惩戒措施一旦制定，除非其本身有不当之处，否则就必须坚定实施、坚决执行，不能出现中途放弃或前后不一的情况，以此表明教师对过错行为的否定态度，昭示惩戒本身的严肃性和权威性，使学生从中感受到规则的不可侵犯性。有些学生对同一错误的屡教屡犯，往往是因为我们的惩戒措施执行不到位或不够持久。

6. 动辄连坐，伤及无辜

有些班主任认为只惩罚犯错者一人难以“以儆效尤”，为了“杀鸡儆猴”，便采用“一人犯错，全班连坐”的捆绑式惩戒方式，致使众多未犯错的学生无辜受到牵连，无故受到责罚，可谓“城门失火，殃及池鱼”。学生自然怨言颇多，一面责怪犯错学生连累了自己，一面抱怨教师育人乏术。

许多失败的惩戒往往源于班主任把错误扩大化，师生之间缺少民主的协商和平等的对话。对犯错学生的责任追究过于泛化，动不动就株连他人，实际上是“一人犯错，多人担责”的体现，有失公正。这样的举措很容易引起学生的反感，因为教师在打击“肇事”学生的同时，也伤害了大多数。这样一来，学生会因为担心受罚而相互包庇隐瞒，更严重的是他们会认为老师无能。其实，只要对当事学生的惩戒是合理的，也能起到“惩一儆百”的作用，保证集体教育目标的实现。

7. 以身试法，深陷泥沼

据报道，某校有个班级采取罚款的方式惩戒学生，一学生在接受采访时称：“有一次，老师还让我办包月，说只要交200～300元钱，就可以天天迟到。”采取“经济制裁”的方法进行惩戒，动辄罚款，这不仅会引发学生的抵触情绪，还触犯了法律，无疑走向了教育的反面，使自己陷入负面教育的泥沼。

惩戒的目的是为了惩前毖后、维护纪律，使受惩戒的学生改过自新、健康成长，让大多数学生受到教育。上述案例中，试想，如果家长溺爱学生，遇到罚款就交，学生就会渐渐养成自己犯错而让父母承担的不负责任的态度；若家长拒不缴纳，学生就无处筹款，很可能出现其他负面行为。最严重的是学生从此以后会认为犯错不要紧，甚至可以不断犯错，反正可以用金钱来弥补。这对尚处在世界观、人生观形成阶段的学生而言，是一种莫大的误导。教育成了反教育，很多人不提倡惩戒教育，或许就因为有这方面的顾虑。

8. 横竖牵连，超限抑制

有些教师教训起学生来没完没了，东拉西扯、横牵竖连，到最后甚至忘记了本次教训的主题，不时喝问：“我的话你听见没有？”学生为了早点结束或慑于威严，便顺从教师的意思，忙不迭地说“听见了”。但不久之后，类似的错误又在他身上重演，教师顿时感到“痛心疾首”，认为学生没有把自己的话当回事，于是又变本加厉地加以训诫——学生再次态度良好地认错——再次犯类似错误——教师更加动怒。周而复始，循环不止。

教师重复性的语言太多，会导致学生分不清先后主次，辨不明轻重是非。再者，学生一旦习惯了教师的唠叨，便会表现出“失聪”，对教师的话无动于衷。可见，当学生“吃一堑”时，教师的重复唠叨实际上成了学生“长一智”的绊脚石，既让惩戒失效，也削弱了教师的教育能力。所以，教师需要慎用惩戒，注重效率，避免使用那些既无益于学生行为改正也不利于教师业务发展的两败俱伤的方法。

9. 简单粗暴，以罚代教

> 有些教师在惩戒方法的选择上，显得简单粗暴，思想“含金量”很低。诸如，简单地发脾气；讽刺、辱骂、挖苦学生；罚学生抄写课文数十遍甚至上百遍；将学生赶出教室罚站；直接动手打学生；动辄请家长来整治学生；罚学生劳动、罚学生跑操场。稍有“技术含量”的，则是让学生写检讨，把学生的不光彩事件当作历史档案存根，以便作为证据“要挟”，却不知检讨千篇一律，形同八股文，学生无一真心悔过。

教师实施惩戒前，首先要了解学生心中真实的想法，唯有了解病因才能对症下药。同时还必须顾及学生的个性差异，并充分考虑惩戒的时间、地点和情境等条件，不同问题不同对待，不要千篇一律地套用一个模式。因为惩戒是一种劣性条件刺激，教师如果只是为罚而罚，就无法探寻到学生思想的源头，这样，学生即便接受了惩罚，也并不意味着他已深刻认识到了自己的错误并准备在此基础上进行改进。如果教师以罚代教，滥施惩戒，学生就会对此习以为常，乃至条件反射地思考“老师会用哪种方法‘修理’我”，从而使惩戒失去了它本该有的意义。

10. 媒介不当，背道而驰

> 有些班主任将劳动当作惩戒的手段，最常见的就是罚学生扫地。这样的惩罚会让学生感到“劳动是可耻的”。而那些原本需要值日的同学却可以因此乐享清闲，于是巴不得别人犯错误。也有些班级以背诵、抄写等机械的学习方式作为惩戒手段，结果无意

间在学习与痛苦之间建立了一种联系，致使学生产生或加剧对学习的厌烦情绪。

有时教师会给学生布置新的任务，让他们为自己的错误行为进行补偿，我们称之为代偿式惩戒。代偿式惩戒是把“双刃剑”，如果教师代偿媒介选择得好，就能化腐朽为神奇，收到事半功倍之效；如果媒介选择不当，其结果就会背离惩戒的初衷，事与愿违。上述做法中，教师关注的只是惩戒本身，而不是惩戒所要达到的效果，因此不能触及学生的心灵深处，无法帮助他们找到纠正错误的有效方法，甚至会使其失去辨别是非的能力，对其成长极为不利。

11. 尺度失当，拿捏失度

有些班主任为“唬”住学生，动辄采用严厉的惩戒方式，不留余地，结果反使自己陷入被动，诸如，有的班主任责令犯错学生离开教室，学生无动于衷，于是教师亲自动手拽人，结果学生死死拉住桌子，两者僵持，场面尴尬；有时候班主任在惩戒学生时，其他学生虽不言语，心里却同情这位学生，于是惩戒就失去了舆论支持；有的班主任怒斥学生时，当事学生并不买账，师生之间展开了拉锯战，最后竟然要由其他有威望的学生出面调解才得以平息，班主任自是颜面无存；有的班主任对学生的过错行为坐视不理，于是学生一错再错，不良风气在班级中蔓延；有的班主任听闻有学生带违禁物品入校，为抓现行，苦苦守候，待到眼见为实，不由分说，冲上去抓，最后“人赃并获”，然后班主任扬着手中的“战利品”，开始铿锵有力地演说。而那些当事学生，经此羞辱，或自暴自弃，或我行我素，以示“软对抗”。

惩戒要讲求尺度，要适可而止。过重，则成了小题大做，不给对方留有余地，师生之间仿佛是在“较量”，结果反使自己陷入尴尬境地；过轻，则成了隔靴搔痒，起不到威慑作用，以致“保质期”不长。所以，班主任应坚持错罚相当的原则，并持之以恒地对学生进行监督、观察和引导，随时改进教育策略，如此方能见效。

12. 指向错误，偏离靶心

现实中，总有一些学生在学习方面表现得不尽如人意，诸如考试成绩不理想、上课时常走神等。按理说这些不能成为教师惩戒的理由，可事实上教师就是拿这些去惩罚学生。比如，某个学生成绩落后，影响了班级的平均分，看着他那不让人满意的分数，教师一时心火又起："你把我们的脸都丢尽了，以后每天给我抄 × 遍课文！"再看那个被罚的学生，一脸的无辜、委屈和无奈。

惩戒要始终清晰地指向学生的不良行为，而不是学生本人；惩戒的是过失，而不是人格尊严；惩戒的是品德和行为上的问题，而不是学习方面的错误和能力。另外，学生动机良好却出现过失的，也不应加以惩戒。发生这些情况时，教师应积极引导而不是施以惩戒。学生成绩不理想，与他们的学习习惯和能力有关，教师如果动辄上纲上线、穷追猛打，会让当事学生感到更无助甚至会迫使他们选择放弃。

以上惩戒方式，观念错误，方式扭曲异化，不但起不到应有的教育、警示、威慑和限制作用，还会造成学生的自主意识特别是自我管理能力的缺失。惩戒只有在以帮助学生认识并改正错误为出发点时，才能显示出其应有的价值和威力。

二、惩戒的艺术

高明的惩戒者总是能明察秋毫，拿捏自如，针对不同的时间、场合、错误程度以及学生的个性特点等，灵活机智地选择不同的惩戒方式，并努力将惩戒的副作用降到最低，使其出乎意料又合乎情理。如何使用令人信服的、健康的、"低碳"的惩戒方式？笔者提供以下有操作性的建议。

1. 依“法”施罚，制度立威

实施惩戒的第一个原则是受罚者必须主观具有过错，而判定其行为是否有过错，依据是清晰而合理的规则。所以，实施惩戒的前置条件是制定好规则，并在惩戒的方式内容、操作实施等方面做出明确要求，订立“君子协议”，而后严格执行。当然，我们应该清醒地认识到，这些规则不可能面面俱到，我们也不能僵化死板地去执行。规则只是为实施惩戒提供了“粗线条”的样本。在此基础上，教育者还需要灵活地运用教育智慧以补充“血肉”，只有这样，才能充分体现教育的灵动性和艺术性。那么，如何订立清晰而合理的惩戒规则呢？

（1）留有空间——赋予丰盈的弹性

> 我与班上的学生几经讨论，最终制定了惩罚“自助餐”，学生根据所犯错误大小，选择以下一种或几种方式接受惩罚：A. 为过错行为做好补救工作，并视情节轻重上交 300～600 字的心理感受一篇；B. 搜集相关的哲理故事 3 篇，并在课间、饭后流畅地讲给同学们听，与同学们分享；C. 将事情经过编写成情景剧并进行表演，也可以采用漫画等形式；D. 做一件有益的事情，或参加一项公益（文体）活动，记录过程并写下感触；E. 放学后被剥夺自由半小时，利用这段时间反省或背诵一些国学经典；F. 为相关工作贡献一个金点子或提出合理化建议；G. 制作小礼物送给受伤害者并表示歉意；H. 在班里讲述一则名人故事及其对自己的启示；I. 展示自己的拿手好戏，并教会全班同学。（注：情节恶劣者将附带取消评优资格）

惩戒的规则要明确，“丑话”要说在前，要给学生一个“可视”的标准，使他们注意自己的言行，降低犯错误的几率，从而起到“为之于未有，治之于未乱”的作用。同时，惩戒又要有一定的“弹性”，那种固定的、死板的惩戒方式，时间久了会让学生产生一种前后因果的思维定式，一旦犯错，便早早做好思想准备，此时惩戒实际上已经起不到效果了，也失去了其应有的意义。本案例中提到的“自助餐”式惩戒方式，其思想内核是竭力维护规则的权威性及其认定的秩序，从而做到既灵活机动，又不失严肃。

（2）平等遵守——赋予普遍约束力

> 我们班的惩戒措施均在集体讨论的基础上制定，值得一提的是，大家还专门为班主任量身定做了惩戒措施。班主任如出现无故对学生发火、拖堂五分钟以上、错误批评学生一次、用不文明语言辱骂学生、未经学生允许擅自占用自习课或其他学科教学时间等行为，也将从以上的惩戒“自助餐”中选择一种或几种方式接受惩罚。（注：对教师的惩戒，由班长执行，全班同学监督）

这样，班主任和学生都共同遵守规则，没有任何凌驾于规则之上的特殊成员。只有对集体中所有成员都执行统一的标准，这个集体中的成员才会口服心服，进而愿意遵守这些规则。本案例中，教师率先示范，身教言传，没有塑造“铁腕”“专制”“强权”的形象，而是以平等的姿态出现在学生面前，于是，遵守规则成了包括教师和学生在内的整个集体的意愿。

（3）借力家长——组成有力的同盟军

> 我们班的惩戒规则，还为学生在家中所犯的错误（如恶语顶撞父母）提供惩戒参考。家长一旦将孩子的行为反馈给我，我就无条件地扮演“第三人”，积极搭桥牵线，让父母与孩子重归于好；有时也积极支持父母实施一些惩戒措施，例如，减少孩子的零花钱、取消带孩子出游的计划、减少孩子看电视或玩电脑的时间，等等。当然，有时我也会主动联系家长，据实反映学生犯错误的经过，提出家庭惩戒的具体方式，让家长成为惩戒的监督者。如此一来，家校一条心，家长的作用便能充分发挥。

联合家长，不是为了推卸教育责任，而是为了让家长助力，赢得家长的理解和支持，最终形成合力，使惩戒教育更有成效。同时，这样做也有利于培养学生良好的个性品质和规则意识，让他们明白规则不仅在班级中存在，在生活中也普遍存在，于是家庭惩戒成了使学生走向社会、走向成熟的有效“实习体验”。同时，及时与家长沟通，还可以避免家长只相信孩子的一面之词，了解家长对教师实施惩戒的具体看法，并取得家长的信任，让家长在惩戒实施过程中积极配合，最终形成教育合力。

（4）划定边界——明确惩戒的范围

我们班的惩戒规则中还特别说明：“此条例只适用于过错行为，不能简单地针对糟糕结果（如由于学习能力差而导致的成绩不理想等情况），其最终解释权归班级管理委员会所有。”有了这一条，惩戒规则就像悬崖峭壁旁有栏杆或是桥上有护栏，能够让学生产生足够的安全感，使他们能在规定的范围内“自由活动”。

惩戒有它严格的适用范围和适用条件，所以我们在实施惩戒前，一定要帮助学生认真分析其错误行为与糟糕结果之间的关系，然后对其错误行为进行惩戒。这样，惩戒就明确地指向了错误行为，而不是笼统的结果，更不是犯错者本人，这永远是我们实施惩戒时必须坚持的重要原则。如果经常对非故意过错行为采取惩戒措施，日后的教育会因信任危机而面临窘境。

2. 语言责罚，有意言说

法国大作家雨果说：“语言就是力量。”所以，我们需重视语言责罚的力量。有时轻轻一句点拨可让学生泪流满面，有时重重一声棒喝可惊醒梦中人。那么，如何言说才能打动学生呢？有效的语言责罚并没有固定的模式，以下提供的方式仅作参考。

（1）设喻明理——于无声处听惊雷

有个学生小错不断，并习惯于事后辩解。在他又一次找我辩解时，我告诉他“巧持于后，不若拙守于前”，该生听了之后，竟发生了不小的变化。另有一学生每次犯错误后总喜欢归咎于他人，并认为自己遭受了不公正待遇，对此，我如此应对："古人云：'沧浪之水清兮，可以濯我缨；沧浪之水浊兮，可以濯我足。'（意思是，沧浪之水清啊，可以洗我帽子上的红缨，沧浪之水浊啊，可以洗我的脚。）那水用来洗帽缨还是洗脚，全凭它自己是清还是浊。"该生听完后，幡然醒悟。

"言不在多，达意则灵"，借喻虽是一种修辞手法，却也可以用作一种重要的语言惩戒手段，因为它要言不烦，简洁利落，却又意蕴深远，能悄无声息地起到敲山震虎的作用。它犹如一枚"青橄榄"，苦涩中透着甘甜，能够让学生"开胃生津"，回味无穷，有时比单刀直入的训诫更为有效。当然，这种方式对教师的语言功底有着很高的要求，若教师平时不勤于仰取俯拾，就难有功力发挥其奇效。

（2）反诘相击——点其痛处，促其警醒

有个学生小错不断，忽儿忘带作业、忽儿迟到、忽儿没戴红领巾、忽儿试卷找不到了、忽而背诵未过关……若每件事分开看，并不算很严重，可这么多差错发生在同一个人身上，我就不得不高度重视，少不得找他批评谈心一番。该生心有不服，刚巧学了《木兰诗》，便在本子上留言："批评十二卷，卷卷有爷名。——摘自《子轩后悔录》。"明为自嘲，实则暗讽，抱怨我批评他太多。我当下留言反击："小事不断，错错错。悔而不改，莫莫莫！——摘自《郑英警示录》。"该生从此不再横生枝节。

恰当的反诘犹如一帖良药，可以使犯错的学生觉醒，能点其痛处，使其知耻而后勇，深刻认识错误并接受惩戒，从而有助于其了解道德责任并进一步发展道德意识。上述案例中，教师的语言没有一点儿个人泄愤的色彩，而是散发着一种诗意的美丽，因此易被学生接受。

（3）相机"作料"——樯橹尽作灰烟灭

班上有一个叫吕鸣的男孩，平时大大咧咧，话很多，对他的批评一般只在短时间内起作用，不久他就会再犯。在一次“男生节”（班级自定的节日）的庆祝班会上，我根据学生的名字精心设计了几个谜语，如一张老照片——陈影，外星人——奚宇珉（宇民），进口乐器——杨浩（洋号）等，学生饶有兴趣地猜着。当我出示“一只多嘴鸟”的谜面时，吕鸣同学顿时红了脸，默不作声。其他学生再三猜测，均未猜中。我也不公布谜底。此后吕鸣的闲话明显减少了。

惩戒不一定非得大动干戈，使用一些充满趣味的、游戏式的方式又有何妨？相信这一定无伤大雅，同时也不会减弱惩戒的威力。本案例中，教师变严肃的批评为轻松的游戏，把惩戒的严肃性和灵活性有机结合起来，二者并重。相信这种调侃式的语言责罚更容易获得全体同学的认同和支持，也能缩短施罚方与受罚方的心理距离，从而让后者心悦诚服地接受惩戒。当然，采用这种惩戒方式的前提是教师已经与学生建立了“自己人”的关系，否则，结果将会适得其反。

（4）当头棒喝——狂风暴雨猛洗礼

班里有一名学生成绩出色，但很自以为是，张扬显摆，课堂上频频插嘴，屡屡打断老师的讲解，非要等到老师厉声制止后才肯罢休。于是我问他：“生活中我们常听到‘臭美’一词，你可知道何为臭美？”他一时摸不着头脑。我继续：“我们看‘臭’字怎么写：一个‘自’，一个‘大’，再加‘一点’，所以臭美可理解为多了一点儿自大。”该生低头不语，此后很少在课堂上随意打断老师的授课了。

教室是允许学生出错的地方，但这并不是说，学生犯了错可以听之任之，当好言相劝不起作用的时候，教师必须辅以惩戒手段，对学生进行狂风暴雨般的洗礼。宰予大白天睡觉，孔夫子当即停止授课并拍案怒骂：“朽木不可雕也，粪土之墙不可杇也；于予与何诛？”（《论语·公冶长》）正是这样的棒喝，使宰予成为七十二贤之一。从这个角度看，得当的棒喝确实是一种有效的语言惩戒手段。

（5）反话正说——言此意彼自意会

有个学生抄袭了他人的试卷，甚至连名字都“拷贝”了过来。于是，我在班上不动声色地说：“我们班有位同学的作业写得真是认真。”我顿了顿，只见学生个个挺起身子，期待我说出他们的名字。我继续：“能够一字不落，连人家的名字都不轻易放过。”同学们顿时笑得前仰后合，相顾环视，猜测这个主人公到底是谁，而那位抄袭的学生则红着脸低头不语。

项庄舞剑，意在沛公，这种言在此而意在彼的语言惩戒方式，目的在于敲山震虎，让学生自我领会、自我对照、自我反省，这样既维护了学生的自尊又让其认识到了错误，可谓“利于病”也“利于行”。本案例中，“连人家的名字都不轻易放过”的言说，运用的是逻辑推理中的归谬法，清晰明朗，意蕴深刻。当然，反话正说作为一种语言艺术，效果如何，在很大程度上不是取决于你说了什么，而是取决于你怎样说和在什么场合说。所以，教师一定要注意场合，认清对象，区别对待，要注意语言环境，同时在遣词造句上掌握分寸。

（6）和“言”悦色——柔声细语润无声

有个学生迟到了，拿着早点大步飞奔上楼。我赶紧迎上去，接过他的早点：“睡过头了吧，东西给我，快去上课，下课来吃吧。”该生羞红着脸去了教室。下课后，他过来，尴尬地接过早点。我说：“早起10分钟不就没事了？”该生更是羞愧地低下了头。

当学生不以小错为过时，教师就该狂风暴雨，电闪雷鸣，寒光闪闪；当学生犯错后对过错有了充分的认识，并为此感到不安和愧疚时，教师就该用柔和的语言对其加以抚慰和体谅。上述案例中，教师虽只有寥寥数语，却是入情入理。这样的惩戒没有冷峻的面孔、激烈的言辞，但它能在不经意间温暖学生的心，也能撼动学生的心。这样的惩戒源自教师对学生真诚的爱，事实上，只有让学生体验到被爱时，他们才会在心底接受惩戒，在教师的深切期望和真诚关爱中反躬自省，进而改正错误。

3. 引导担责，落到实处

有这样一个故事被人津津乐道：美国前总统里根年少时，有一次由于踢球不小心打碎了邻居家的一块玻璃，须赔偿 12.5 美元。少年里根只好找到父亲，父亲说："是你打碎的你就要赔，若没有钱，我可以借给你，一年后还。"这一年里，里根擦皮鞋、送报纸、打工挣钱，终于挣回了 12.5 美元还给父亲。当他回忆起此事时，他说，正是这件事，让他懂得了什么是责任，人必须为自己的过失负责。这个故事为惩戒教育提供了一个很好的注解——我们应该让孩子学会为错误行为承担责任。

（1）合理代偿——为错误行为付出代价

若是有学生存在学习态度问题，诸如不完成作业、逃避背诵任务、课堂上频频插嘴接话影响教师的上课进程等，我除了让他们按要求完成任务外，还会给他们布置适量的背诵任务，比如，从《论语》《老子》中指定一些篇章，让他们当天完成背诵，有时我还与他们一起比赛看谁背得快、讲得好。若有同学值周不认真，除了让其补救之外，我还会安排他们在校园里做些力所能及的公益活动，诸如制作环保标语、清扫泔水桶边上的饭菜、捡草坪或操场上的垃圾等，以此作为代偿式任务。

教师必须让学生明白，每个人都应该对自己的行为负责，尤其在违反规则后，更要为违规行为付出代价；同时必须让他们明白，人的自由是相对的，当你侵害到他人的自由时，你自己的自由就要受到限制。这就是惩戒。当然，惩戒一般只能制止或减少不良行为的再次发生，而不能消除这些行为。要真正消除不良行为，还得有赖于学生的内在力量。本案例中这些代偿式的做法，不失为一种有效的惩戒手段，能在一定程度上激发学生向上、向善的动力，所以不能轻易将它们定义为变相体罚或不当代偿，从而低估它们的正面教育意义。

（2）扬其所长——发挥长处，将功补过

有个学生又咬伤了同学。正是因为这一“顽疾”，他与班上的同学格格不入。但他有一个梦想，长大后想当一名出色的木匠，所以在他的抽屉里，小锯子、榔头、钉子、铁丝等一应俱全。他那咬人的“顽疾”，单靠语言的惩罚已难以奏效，于是我为他量身定做了一个惩戒方案：让他为班级做一个黑板擦盒子，以此将功补过。第二天他就把做好的盒子送来了，用木片做框架，中间穿插铜丝。有了这个黑板擦盒子，讲台从此一尘不染，也正是因为这个盒子，他找回了在班级中失落已久的价值感。

在惩戒的基础上加以说服引导，并动之以情，往往更能撼动学生的心。学生都想在群体里树立起自己的光辉形象，上述案例中的教师正是顺应了这个需求，帮学生搬掉了成长中的绊脚石，充分满足了他在成长过程中的心理诉求，让他在群体中找回了尊严。此处的将功补过，不是以功抵过。这样的惩戒不但不会给学生留下心灵的伤疤，还能让学生从中获得积极体验，形成正确的价值取向，从而为日后的健康成长奠定基础。

（3）自食其果——遭受自然结果的惩罚

某学生酷爱睡懒觉，每天早上都是妈妈催促再三后才起床，还常抱怨妈妈烦人；若真的迟到了，又责怪妈妈为何不早点叫醒她，弄得妈妈里外不讨好，苦恼不堪。于是我建议她妈妈给孩子买个闹钟，告诉孩子，从今往后起床上学是她自己的事，妈妈从此不再过问。学生起初还嘴硬，说“我自己会起来”，可事实却是她经常忘了调闹钟，或闹钟响了后总是随手按掉再睡个回笼觉，然后又睡过了头，并由此挨了我的不少批评。于是她不得不用心解决这个问题，每晚记得调好闹钟，铃声一响立即起床，久而久之，养成了及时起床的习惯，母女俩也不再为此事伤神不和，关系日渐融洽。

一个人的成长离不开他的亲身经历和体验。比如，我们会告诉孩子不要碰火，可有时孩子还是会按捺不住好奇心，将手伸向那团红色的抖动如绸的火焰，他自然会被灼伤，但以后看到火就会避而远之，这便是“自然结果”的惩罚，他在痛苦的体验中学会了“吃一堑，长一智”。上述案例中的惩戒结果不是人为给予的，而是由学生自己的过失行为带来的，学生由此产生了不愉快甚至是痛苦的心理体验，进而自觉纠正错误。正如卢梭所说，我们不能为了惩罚孩子而惩罚孩子，而应该使他们觉得这些惩罚正是他们不良行为的自然后果。

（4）弥补过失——为破洞绣上美丽的花

> 课间，一个学生在教室里打嗒嗒球，一不小心，将球拍到窗户上，把玻璃打碎了。我得知后赶紧跑进教室，首先急切地问：“伤到人没有？”“肇事”学生嗫嚅道：“没有。”我这才放下心来。接下来便是如何惩处该学生的问题，因为在教室里打球是班规所不允许的，既然他违反了规则就不可不了了之，但他又并非故意，所以也不可上纲上线。经过思考，我决定让他自己量好尺寸去购买玻璃，同时考虑到玻璃的不安全性，我偷偷地给他父亲打了电话说明原委，并建议他协助运送。该生后来说，这件事让他明白：心存侥幸必致不幸，要为自己的过错买单。

通过惩戒让学生从错误中吸取教训，以免日后再犯相同的错误，这样做远远胜过空洞的说教，也胜过简单粗暴的训斥。它既不伤人自尊，又能使人辨明是非；既让学生知其然，又让学生知其所以然，更让学生从中有所收获，有助于他们形成更高层次的道德认识。正如美国知名教育家简·纳尔逊博士所说，错误是很棒的学习机会，当你犯了错误时不要苛责自己，而要从中受益。找出原因，诚实地对待自己的感受，看看你能从中学到什么，发现现在你能做什么。做你真心想做的事，成功自然会跟随而来。

（5）还治其身——让故意犯错者有苦说不出

> 一天，课间操时间有一位男生因脚伤请假，没想到第二天多

人集体告假，理由都是身体不适，不是感冒了就是嗓子很痛。联想到他们下课时那生龙活虎的样子，不难猜想这是怎么一回事。可我苦于没有证据，于是关照他们要好好休息，然后去医务室拿来开水和板蓝根给他们服用，学生们面面相觑，只好硬着头皮喝了下去。此后这类事件再未上演。

如果教师对这种瞒天过海的做法予以默许或视而不见，会让学生的伎俩得逞，并助长其侥幸心理，以后他们必定会故伎重演。而在本案例中，教师顺水推舟表示关心，这反倒让那些企图靠请假来逃避做操的同学萌生羞愧之心，他们哑巴吃黄连，只好硬着头皮“享受”教师合乎情理却让他们消受不起的关照。在这里，教师虽未揭穿学生的谎言，却在不动声色中惩戒了学生的撒谎行为，可以说是以其人之道还治其人之身。当然，如果学生确实身体不适，那自然该另当别论，而判断学生是真生病还是假生病，需要教师拥有一双明察善辨的慧眼。

（6）剥夺机会——“暂停”犯错学生的某些权利

有个学生周一上学迟到，我平静地看了他一眼，示意他进教室。第二天他又迟到，不安地望着我，我看了一眼挂钟，仍是让他进了教室。第三天他又迟到，我询问原委，他说是忘调闹钟了，并且保证本周内不再迟到。结果第四天他又迟到了，我一脸严肃地凝视着他，半晌才让他进了教室。那天临近放学时，学校指定我们班同学在报告厅搬桌椅并清理场地，看着同学们一个个领着任务走了，该生急切地看着我，我却视而不见。最后，该生主动去为那些擦桌子的同学洗抹布，看着他这般卖力，我也很感动。第二天，他在学习手册上给我写了一段长长的留言，核心内容是向我道歉，保证以后回家后第一件事就是调好闹钟，用行动赢回劳动的机会。

世界上最重的惩罚莫过于剥夺一个人的快乐和自由，所以当学生犯了重大过错或损害了集体利益时，教师可采用短时间内剥夺其某种权利、拒绝其某种精神上的需求、限制其想做的事、不满足其正当要求等惩戒方式，使其深刻感受到自己的行为所带来的恶果。学生一旦印象深刻，就不易再犯错误。苏霍姆林斯基就曾剥夺过一位违纪学生外出郊游的机会，让他在家反省，结果该生懊悔不已。这种“暂停”式的办法好处多多，可以让犯错学生冷静下来，检点自己的违规行为，进而悔过，不失为一种平静而有效的“冷处理”方法。

4. 心灵责罚，拨动心弦

有这样一个真实的故事：1987 年，在美国一个审讯室里，因伪造母亲签名冒领 1600 美元而被判了两年徒刑的 19 岁青年啜泣不止，之后他背起诗来：“假如我被悬于高峻的山崖 / 我知道谁的爱仍会伴我飞向天涯 / 啊，妈妈，我的妈妈 / 假如我被打入地狱，身首异处 / 我知道谁还会不断地祈祷为我祝福 / 啊，妈妈，我的妈妈。”原来，法官考虑到这位青年的悔改态度良好，决定缓期执行对他的刑罚，同时要求他把美国著名诗人吉卜林的名诗《我的妈妈》当众背诵一遍。正是这温柔的“心罚”让这位迷途青年幡然醒悟。这对我们的惩戒教育，无疑有着积极的启示意义——惩戒要讲究方法，但万变不离其宗，那就是对心灵要有震撼作用。

（1）自我施惩——惩罚自己，震撼学生

某教师像往常一样巡视教室，突然发现教室里的垃圾桶内有半个用塑料袋包着的饼，他平复了一下情绪，然后严厉地问：“这大饼是谁吃的？怎么扔了？多可惜！”全班同学面面相觑，但没有人站出来承认。老师默默地走到垃圾桶前，伏下身子，捡起那半个大饼，对学生说：“你们没人承认，那我就吃了。”当着大家的面，他一下一下地嚼着，然后使劲咽了下去。那饼很干，老师清瘦的脖子都冒出青筋来了！全班学生见此情景都惊呆了，那位扔饼的学生猛地站起来，满脸泪水，冲过去阻止老师，向老师承认了自己的错误。老师把饼分给他一半，就这样，师生俩在讲台上一人一半将饼吃掉了，台下的学生泪流满面。

上述案例中，教师的行为绝不是表演，而是内心世界那种坦荡、认真、执着品质的真实写照。他用无声的自我惩戒为学生上了生动的一课，震撼了在场每个人的心灵，也震撼了每一个有着同样经历的学生，无怪乎学生用“震撼”“沉重”“影响一生”来形容自己对这件事的感受了。有时候，教师惩戒自己并不表示他无能，而是一种迂回前进。

（2）擦拭心灵——找回那颗晶莹之心

有一次，我像往常一样提前两分钟进教室，还没到门口，就听见教室里有一个男生在大声地说着脏话。我闻声而入，一看是王某某。我径直朝他走过去，因为他背对着我，所以对我的到来浑然不觉，任凭周围同学如何努嘴、挤眼、咳嗽、打手势，仍全神贯注地骂着。直到我拍了拍他的肩膀，他才惊觉，于是立刻闭嘴，讪讪地看着我。我先让他一一列举班级获得的荣誉，并写下感受，然后罚他去擦班级的镜子，告诉他：“心灵也是一面镜子，需要时时拂拭，勿使惹尘埃。”事后，该学生说，他再也不会让自己不恰当的话语损害自己和班级的形象了。

惩戒的关键是要让学生对后果有切身的感受，让他有一个自我教育的过程，所以说，惩戒重在教育。惩戒结束，而教育并没有结束，所以教师尤其要做好惩戒之后的跟踪观察和帮扶转化，让学生明是非、辨善恶，并促使其学会用意志战胜“心魔”。本案例中，教师给了学生一个台阶，让他站稳脚跟，把自己看得清楚一些，并用行动证明自己的认识。这无疑就深入到了学生的内心世界，触动了学生的心灵。

（3）间接施惩——惩戒同伴，警戒对方

在美国人兰妮·麦克穆林写的《难忘的体罚》的回忆文章中，那位弗洛斯特女士有一个惩戒绝招——让犯错误的“我”和“同伙”都闭上眼睛，然后用“那块著名的松木板子”狠狠地抽打。“我”听着那重重的抽打声和“同伙”的哭声，实在受不了让“同伙”受罚，便请求老师别再打了。结束后，“我们”惊讶地发现，老师狠狠抽打的，是椅子上的坐垫。这便是“我们”所受到的“体罚”，并无肌肤之痛，却记忆至深。

从某种意义上说，惩戒是为了让学生产生心灵上的痛苦，从而使其留下深刻的记忆，在思想意识上产生震动。可以说，没有学生心灵上的自我惩戒，任何教育都很难产生良好的效果。因为人是否会重复某种行为，与该行为导致的结果密切相关，如果结果是消极的，他们就会自觉避免类似错误的再次发生。上述案例中的犯错者坦言，经历了这次惩戒，自己反倒开始崇拜老师了，可见这种形似“体罚”的惩戒手段，已很好地实现了教育的效果。

（4）引导反省——引导学生进行内心对话

有个学生喜欢上课插嘴，而且讲的基本都是与上课内容无关的话题，常常打断教师的讲课思路或将思路引向别处。部分同学开始还跟着他瞎附和，经教师引导后渐渐对这种行为心生反感。教师有时也会提醒该生，但该生依然我行我素。于是班主任为他量身定做了一套惩戒措施：一节课无端插话一次，写一篇作文描述事情的经过，作文可以是记叙文；第二次无端插话，则写一篇作文论述当时引发他做出该行为的原因及该行为的危害性，但这次须写议论文。从此之后，该生大有长进，班主任对他的要求也逐步提高，时间限度由一节课改为一天，再后来是一个星期，最后是一个月。经过这样的惩戒，这位学生基本克服了过去的“顽疾”。

惩戒的重心应该是唤起学生的自省，只有这样才能促使其端正自己的态度并重建自己的道德判断。上述案例中，教师匠心独具地以写作的形式让学生反省自己，让学生通过反思来改正自己的错误，进而自觉地注意自己的行为举止。当然，在学生反省的同时，教师也切莫忘了反思自己，因为学生的过错有时与教师有着一定的关系，可能是由于教师之前的教育无效，也可能是教师未及时关注，没有把学生的不良行为扼杀在萌芽之中。师生共同反省，才是真正意义上的自我惩戒教育。

（5）察而不扬——巧点破绽不揭穿

小学时我的数学成绩总是在班里独占鳌头。可有一次我“阴沟里翻了船”，只考了第5名。看着老师把那个刺眼的“5”字写在试卷的页首，我的心里很不是滋味。想到外公（也是我的语文老师兼班主任）一定会过问名次，于是我就先下手为强，把前两次的试卷拿来，用糨糊糊在页首的位置，以此盖住了那个“5”字。果然，外公问我数学考得怎么样，我故作挠头状，说忘了名次。外公笑而不语，拿着试卷径直走到太阳底下，对着阳光一照，那个“5”字赫然在目。我顿时羞愧得无地自容。多少年过去了，我依然清晰记得这一幕。从此，我再也不敢说谎了。

上述案例中，外公观察入微，分明已察觉到“我”在撒谎，但他只是巧妙地点出了“我”的破绽而不把我揭穿，让“我”由原先的忐忑不安瞬间转为羞愧，以此为自己刷洗心灵上的污垢，个中道理，让“我”一生受益。这与于漪老师的一个教育故事有着异曲同工之妙：于漪老师发现一个学生偷了钢笔，很是痛心，但她还是不动声色地把他叫到了办公室，将自己心爱的钢笔赠送给他，说：“我知道你很需要一支钢笔，留着它，用它写好人生的每一步。”许多年后，已做了某部门经理的学生来看望恩师，竟激动地长跪不起。这两位教师都在心灵惩戒的过程中，用自己高尚的人格和超凡的智慧感化了犯错的学生。

（6）计算成本——让学生产生心疼感

班级讨论后约定，除了春秋游，平时大家都不许带手机上学，但有个男生还是带了。于是我让他们“预算”一下该行为所要付出的成本：手机可能被没收；一旦被没收，损失的就不只是钱，还有面子；若没被没收，其他同学见他可以全身而退，会仿效他的做法，由此可能引发攀比之风；手机的用途可能会发生变化，说不定有人会用于抄袭作业；用途一多，费用便会因此高起来，零花钱便会告急……学生越算越心疼，纷纷表示带手机上学太得不偿失了。

惩戒要起到良好作用的前提是要让学生认识到自己行为的后果，并最终落实到学生的自我惩戒上，这种自我惩戒即心灵的惩戒，是惭愧、负疚、自责、后悔等情绪体验所带来的心理上的折磨和自省，从而使犯错学生不仅获得教训，更获得自我成长。上述案例中，教师的做法，是为了让学生自悟，是出于对学生的尊重，这种做法能让学生感到教师的责罚是为他好，并因此欣然接受。

综上，过于倚重惩戒的教育是“粗暴”的教育，完全摒弃惩戒的教育是“缺钙”的教育。当然，在采用各种惩戒方式前，我们一定要充分考虑其适用条件，因为正如苏霍姆林斯基所告诫我们的，“某一教育真理，用在这种情况下是正确的，而用在另一种情况下就可能不起作用，用在第三种情况下甚至会是荒谬的”。同时，惩戒不能孤立地使用，必须与其他教育方法如说理、沟通、感化等结合起来，从而做到既严厉又包容，既有刚性又具柔性。祝愿在教育这片沃土上，赏识教育的大旗高高飘扬，而惩戒教育的威力也丝毫不减。

名字，不可忽略的教育细节

——运用名字的艺术

生活中常常会有这样一些有趣的现象：在菜市场或闹市中，只要有人呼唤你的名字，你就会快速“过滤”掉其他杂音而“独取”自己的名字；不论是在报纸上还是在文件里，只要你知道自己的名字在一串长长的名单之中，你首先要做的，往往便是找到自己的名字；绝大部分观众对影视作品前后那一长串名字感到厌烦，而当事者本人的心情却完全相反。无怪乎有人说，世界上最美妙的事就是听到自己的名字从别人的口中说出来；无怪乎法国作家雨果最希望的，就是有朝一日巴黎能够用自己的名字命名，叫作“雨果市”。

可见，一个人的名字不仅是一个代号，更代表着他的尊严。在教育中，只要我们用心，名字，这样一个极其简单的细节，也能成为一笔不可多得的资源，成为教育的“维生素C”，成为用爱心之绳串联起来的一粒粒“珍珠”。所以我想说：爱学生，请从善待学生的名字开始，这是一个简单而又重要的开始。

一、对待名字的误区

有一位政治家曾说过，尊重选民的名字是一种政治才能。对教师而言，尊重学生的名字，则是一种教育智慧，这等于给学生一个巧妙的赞美。在高扬“人本教育”大旗、呼唤师生平等、宣扬教育公平的今天，我们每位教师都应当问问自己：你尊重学生的名字了吗？在实际教育教学过程中，还有多少个学生的名字被忽视了？

1.“忘”——疏于记忆终遗忘

课堂上，教师看到一个女孩把手举得很高，于是想让她来回答问题，可一时想不起她的名字，只好用手往另外一个方向一指：“张磊，你来回答。”女孩原先高涨的热情顿时减了大半，怅然若失。此后，她在这门课上的发言越来越少。她在周记中这样表达自己的心声：“老师，刚到这个班的时候，我看到大家那么积极地举手，就也想举手回答问题，但是三个星期过去了，您还不能叫出我的名字，我觉得自己很失败，于是再也不想举手了……”

马斯洛曾说过，记住学生的名字就是对他们人格的尊重，是对他们作为班级成员的认可和肯定。谁都希望别人尽快知道自己的名字，尤其是学生，他们更渴望教师能很快叫出自己的名字，这也是他们有自尊心的一种表现。每个学生上课时都应拥有较为均等的回答问题的机会，但是上述案例中的那位学生，却因教师疏于记忆学生的名字，而失去了这个机会。

2.“糊”——临渴掘井瞎点名

有位教师在点名时，不认识学生马骢名字中的“骢”字，就自作聪明地漏报，最后装模作样地问：“谁还没有被点到？”马骢说：“老师，您漏了我的名字。”“那你叫什么名字？”教师顺势反问。男生答：“我叫马总。”此后，该教师一直叫他马总。在一节公开课上，教师提问该男生，连叫几次“马总”，均无人应答。他只好上前：“马总同学，上课时可不能走神，老师叫你呢！”男生忽地站起来：“老师，我叫马骢，地球人都知道。”全班大笑。

教师点名，看似极其平常，实际上却关乎教师的威望。正确地读出学生的名字，是一个细节，教师必须为此精心准备。其实，对于学生名字中的那些生僻字，我们大可事先通过查找《现代汉语词典》（有些可能还需动用《古代汉语词典》甚至《康熙字典》等）来进行认读。除此之外，给家长打电话，让家长自然提及孩子的名字，也能轻而易举地避免不认得该生僻字的尴尬。而上述案例中的教师却不得不为自己的自作聪明“买单”，其情形怎一个尴尬了得!

3.“矫”——矫情做作假热情

有一群女生到校长那里告一位女教师的状，原因是这位女教师总把她们喊作“小姑娘”。校长很惊讶:“你们老师比你们大很多，在她面前你们还真是小姑娘呢！我有时不也这样称呼你们的吗?”这些女生说:“您可以这样称呼我们，但她没有这个权力。”“为什么？是不是因为我是校长?”“不，问题并不在于您是校长，而在于您像一位母亲，您对我们再凶我们也不会生气，可是她根本不像一位母亲，所以我们不高兴她这样称呼我们。”女孩们说。

亲昵的称呼是一把双刃剑，使用得好，可以产生正面效应，反之，则会招致学生的反感。若想使用得当，教师就应用真心实意的爱来对待学生，这样才能真正感动学生。缺乏真爱的亲昵称呼，只会让教师在学生心目中树立虚伪的形象，因为学生能从日常生活的细节中分辨出教师是否真的喜欢自己。所以，我们必须考虑称呼的适用性：用的对象、用的时机、用的方法、用的频率……这些，都需要教师好好盘算和琢磨。

4.“讽”——冷嘲热讽真无情

课堂上，教师提出问题后，让一位名叫“凡童”的后进生来回答，学生一时无从下手，急得满脸通红。教师一脸不悦:“这么简单的问题都不会，叫什么‘凡童’，简直就是‘饭桶’。”该生顿时羞愧得无地自容。此后凡是上这门课，他不是睡觉就是做其他的事。

尊重学生是获得学生认可的前提，而名字是一个人的标志，人们出于自尊的需要，总是特别珍爱它，同时希望别人也能尊重它，所以教师尊重学生应从尊重学生的名字开始。在这个案例中，教师一时的气话——“饭桶”，是对学生名字的亵渎，也是对学生人格的漠视，这个词极有可能演变成学生的绰号，伤害学生的自尊心，它所造成的损失，教师往往要付出极大的努力才能弥补，而且也不一定能弥补好。

5.“误”——张冠李戴乱点谱

课堂上，教师见一学生在讲废话，便大喝一声：“来栋同学，请认真听讲！”谁知，来栋同学面带愠色、满腹委屈地站起来反问：“我不是在认真听讲吗？怎么说我？”教师突然发现自己点错了名字，讲废话的不是“来栋”同学而是“来源”同学，只好尴尬地说：“不好意思，老师叫错了名字。来源，说你呢，认真听讲。”来栋同学这才悻悻坐下。

教师准确地叫出学生的名字，是重视学生的最简单的表现，也是让学生对自己产生好感的最直接的办法之一。但在教育过程中，还是存在着教师将学生名字张冠李戴的现象，毫无疑问，学生会因此对教师产生疏远感、陌生感。上述案例中，教师的一个疏忽——叫错了学生的名字之所以引起学生如此强烈的反感，是因为他在不经意间伤害了学生，失去了对学生的尊重。

6.“冷”——面无表情滥指名

乌克兰苏霍姆林斯基研究会学术访问团曾来华做学术演讲，演讲结束时，有人问该团团长萨芙琴卡女士：“您觉得您所看到的中国式教育和你们所崇尚的教育之间，最大的区别在哪里？”萨芙琴卡女士讲了这样几句话：“我发现，中国的老师不喊学生的姓名，而是指着学生说‘你来回答’‘你来说说看’。用这样含糊的人称代词来表述，是怎么回事？一个个有名有姓的鲜活的‘人’呢？我印象最深的是你们对孩子的个性关注不够。”

学生不是“这个”，也不是“那个”，他就是他，是与众不同的。直呼其名，有时可以体现出教师对学生的关注，拉近师生之间的距离，使学生有一种被重视的感觉。用“那个女生”“第五小组二号同学”这种“外观描述式”的称谓，或者干脆用学生的学号来代替名字叫学生发言，透露出的不是亲近感，而是距离感，教师和学生原本应该紧密相连的心，就这样一步一步被疏远了。

每个人的名字都包含着尊严和梦想，有的教师内心深处并不在乎学生，所以才会对他们的名字抱无所谓的态度。尊重学生的名字虽然只是一个教育细节，但一滴水可以折射出太阳的光芒，一个教师的学生观就体现在这些细节上，不可等闲视之。

二、记住学生的名字

我们是否常常有这样的感受：能熟记并随口叫出名字的主要是那些显山露水的学生，他们或成绩拔尖，或行为出格；而那些“灰色”的学生，我们总是印象不深，甚至对他们张冠李戴。这一点，科任教师的体会就更深了。为弥补缺憾，他们只好拿着座位表时时对照，按图索骥，但这招只在课堂上起作用，到了课下，离开了座位表，就只能束手无策了。

由此常常引发以下遗憾：课堂上提问后，看到有学生充满期待地看着自己，却因叫不出他的名字而只好作罢。学生那种怅然若失的神情是否值得我们反省？课堂上有学生走神了，或有学生试图捣乱，本想提醒他一下，却因叫不出他的名字而选择放弃。我们是否该为学生在那堂课上的学习无效而负有责任？

我想起《美国优秀教师行为守则 26 条》中的第一条就是“记住学生

的姓名”，这一要求看似简单，却被排在了第一位，可见其意义非凡。基于此，我尝试着在实践中思考，在思考中践行，总结出如下方法。

1. 讲述故事——讲述“名字”里的故事

新学期刚开始，为尽快记住学生的名字，同时也让学生尽快熟悉彼此，我在第一节课便布置了如下任务——每位同学回家后询问长辈，了解自己名字的由来和寓意，并在下节课交流。

到了第二节课，学生们个个摩拳擦掌，急不可耐，热情高涨。一男生走上讲台：“我爸爸姓戴，我妈妈姓高，我的出生给两家人都带来了快乐，所以我的名字就叫‘戴高乐’。”全场爆笑，戴同学的大名因此深入人心。

又一男生站起来说：“我叫‘李鑫鑫’，因为据说我五行缺金，所以家人给我取‘鑫’字。”同学们立刻为他献出祝福的掌声。

有个女生站起来说：“我叫‘程思沂’。”我一听，连忙插上一句：“让我猜猜，你是不是出生在沂蒙，为了纪念出生地所以叫‘思沂’？”“错！”她更神气了：“我的名字是这样来的：爸爸妈妈为了给我取名，百思不得其解。一天晚上，爸爸做了个梦，梦见一位仙风道骨、鹤发童颜的高人前来指点，让爸爸将‘浙江’的‘浙’字中间的提手去掉，说用这个字做我的名字将会大吉大利。爸爸醒来后赶紧查字典，发现果真有这个字，就是‘沂’，于是给我取名‘思沂’。”在同学们的惊呼声中，程同学得意地坐下。

…………

最后我总结：“名字中包含的是父母那份浓浓的爱，它们是那么真切，那么不可或缺。”学生们都低头不语，陷入深思。

真是一个名字一首歌，一个名字一段情，一个名字一个故事！每一个人的名字都是特别的，都是与众不同的。让学生讲述自己名字里的故事，一来教师可以更容易记住他们，学生彼此也可以尽快熟悉；二来让学生探寻名字背后的意义这个过程，本身就是一次绝妙的亲子沟通机会；三来当学生深刻体会到自己名字的深刻寓意后，他们会对未来产生更多的憧憬，也会对自己的名字倍加珍惜。

2. 串联成文——将全班的名字串联成文

我将2015级（6）班全体同学的名字串联成一篇记叙文《远足》，献给他们。

远　足

顾天夏时节，正是一年远足好时光。这天，已过束宇辰时分，冯越（月）一坠一坠地落下了山头，倪晨曦渐渐初透，地平线上跳出了一轮沈铭阳，瞬间点亮了天空，好一片清新的俞悦晨景。

我们黄单德（得）闲，相约去远足。收拾停当，便欢快地出发了。涉过张天泽，度过樊嘉禾（河），来到王杨洋，只见洋面上掀起了楼展涛，涛声滚滚。

接着我们来到李晨琳（林）。林子里，硕大的余凯文（蚊）飞来飞去；一群沈阳（羊）正悠闲地吃着草，几只王宇阳（羊）慵懒地晒着太阳；张序凡（蕃）正长得欢，远远望去，田田薯叶，连连硕果；几只黄鹂张开陆舟逸（翼），正欢快地且飞且唱；池塘里结满了骆凌（菱）和毛怡玲（菱），让一池春水显得生意葱茏；灿烂的陆雨萱开着徐翰磊（蕾），吐着米锐（蕊），垂下的赵思思（丝）在风中摇曳，随着詹雨蝶翩然起舞，我们采摘了一些，并打上了一个漂亮的姚洁（结）。

吃罢，几个吴煊儿围着桌子开始海侃，有的说郭鑫宇（语），有的说占欣宇（语），有的说方翔宇（语）；角落处，有的在读王菁（经），有的在读罗金晶（经）；大树下，有的在下占琪（棋），有的在下钱春琪（棋），还有的吹起了高千皓（号）。真是陈嘉乐哉，袁（圆）梦叹兮！

金烯（今夕）何夕，青草离离。

突然，天空中下起了孔潇宇（雨），大家感到了阵阵沈晗（寒），不由得想起自己的韦佳（家）。

终于明白，家舍不离途中，途中不离家舍。

教师将一个个本无任何联系的名字像“糖葫芦”一样串成串，于是学生的名字顿时被赋予了生命，它们不仅代表着学生个体，更凸显出其在集体中的价值，班级同学也因此增加了亲密感。相信学生看过此文后，不仅会在心中涌起惊讶和感动，更会体会到教师的关爱。不知不觉中，教师树立了自己的威信，学生也因“亲其师”而“信其道”。

3. 正面引导——引导学生表现，从而记住他们的名字

我与学生第一次见面时就对他们说：“同学们，老师现在教 5 个班，要一下子记住这么多同学的名字很不容易。我最容易记住的就是那些富有爱心和责任感的学生，看看哪些同学能很快让我记住他们的名字。”

在接下来的时间里，学生接连给我带来惊喜。小龙同学负责扫地，除了把地打扫干净外，每次课间都像巡逻队员那般巡视，看到有垃圾就马上捡起，看到有掉落的文具或书本，也捡起来放在同学的桌子上。于是我说：“我很高兴第一个认识的是小龙同学，细微之处见真情，小龙同学捡起的一片片垃圾都是为美德银行添进的一笔笔存款。”一时间，班里同学争着捡垃圾，教室内鲜有垃圾的踪影。蕾蕾同学从家里拿来玻璃擦，有了这玻璃擦，玻璃擦起来又快又干净，于是我又说：“我很高兴第二个认识的同学是蕾蕾，她把班级当成了自己的家。”于是同学们又争相从家里拿来榔头、钉子、一次性杯子……班级无须再购置备品。

此后，凡是需要搞卫生，实验室老师、医务室老师、教导处

总是请我们班的学生，理由是他们对劳动有着火热的情怀，对学校有着义不容辞的责任感。

教师的一番话，便能让班级里的每个同学都知道她欣赏什么样的同学、自己又该如何去做。这其实是一种正面的强化行为，教师就这样轻松快乐地记住了学生的名字。我们只需紧扣“名字”这一特殊的载体进行有效发掘，通过自身“搭台”、学生“唱戏”，便能有效地进入到学生的精神世界。

4. 游戏记忆——在游戏中轻松记住名字

开学初，我会利用班会课做这样的游戏：6人一小组，站成一圈，第一个学生介绍自己的名字，然后下一个人说“我是××后面的××”，后面的同学继续说“我是××后面的××后面的××”……而且花样翻新，一会儿顺时针，一会儿逆时针，轮番进行，完全正确且速度最快的小组获胜。经过许多遍重复后，学生自然对彼此的名字滚瓜烂熟。

还有一个活动是让学生做PPT，为自己设计个人名片。这样既可以让学生掌握PPT的使用方法，又可以让他们对彼此有更多的了解。

这样的活动可以让我们在轻快活泼的氛围中，增进彼此间的了解，从而既体现了教师的教育理念，又实现了师生间情感的沟通。同时，这也让教师从对着学籍卡或座位表按图索骥查找学生名字的痛苦中解脱出来。

请让我们准确地记住每个学生的名字吧，在课堂上、在课间、在路上与他们相遇时，准确地、大声地叫出他们的名字。

三、运用名字的艺术

名字一旦与个体建立起某种联系，就被赋予了独特的色彩，也因此具有了生命。要想赢得学生的欢迎，善待他们的名字是一种简单而又实用的方法，这既是一种礼貌，也是一种情感投资。

1. 作诗——用学生的名字作藏头诗

对表现突出或取得重大进步的学生，我会用他的名字作一首藏头诗作为奖赏。有一位名叫“高原”的同学，十分乐于钻研，于是我作诗“高山仰止也敢攀，原野开阔我心专”。我还为一名叫“徐立”的同学作诗“徐来清风畅胸襟，立志冲天月下吟”……

这里，名字成了一个人的“名片”，一个人的“品牌形象”，一个人对外宣传自己的“窗口”。为学生的名字作诗，无疑加重了教师在学生心目中的分量。不管是儒雅蕴藉的名字，还是普通平常甚至是俗气古怪的名字，在教师的笔墨润色下，都平添了一份光彩，增加了一份哲理和内涵，学生会觉得自己的名字很有创意，很有哲理，也很有诗意。同时，教师在诗中的寄语，无形中给学生设下了一个不必明说的目标，让他们朝着目标不断努力、不断奋进。

2. 猜谜——为学生量身定做谜语

我经常会利用班会课或一些节日庆祝活动时间为学生量身定做谜语，比如一只多嘴鸟——吕鸣，子夜——姜（将）黎明、卫（未）明，一张老照片——陈影，外星人——奚宇珉（宇民），进口乐器——杨浩（洋号）……这样既增添乐趣，又体现教师对学生个体的重视。

这些谜语简单有趣，是专门为学生量身定做的。学生可爱的名字顿时变成了一个个有趣的谜语，这让猜谜的和被猜的同学都充满了自豪感，就连出谜语的教师也为自己的灵感和创意兴奋不已。在这里，名字已经成为一件艺术品，而不仅仅是一个简单的符号，它倾注着教师特殊的情感，也对学生有着一种独特的感染力。

3. 编题——将学生的名字编入习题

本人有幸参与了浙江省教研室组织的《作业本》《新课标教案》等教辅资料的编写工作，我试着把一些学生的名字编入其中，有时甚至选用他们的照片。这样做，一来可以避免因使用网上图片而引发的侵权问题；二来学生会倍感自豪和兴奋，他们会特别激动，也会特别在意，有些学生甚至会把这种喜悦带回家里与家人分享。学生学习的积极性大幅提高，而我也因此收获了更多认可。

“千金不换一褒奖”，调动学生积极性的最佳方式，莫过于给他们合适的“精神待遇”。从名字这个细微处关注学生，会让学生产生一种幸福感，从而汇聚无穷的力量，激活更多的智慧。虽然这只是一个细节，却反映出教师对平等师生关系的追求，反映出教师对个体生命的尊重。

4. 命名——以学生的名字命名备品

在班级管理中，我会根据学生人数配置好专项备品和专项任务，然后让学生自愿认领，谁认领就以谁的名字命名，如陈凯同学负责校对挂钟，该挂钟就被命名为“陈凯钟”；金雨佳同学负责图书橱柜，该书柜就被命名为“雨佳书柜”……学生对此反响热烈，都把分管的备品视为自己的财产，倍加珍惜和爱护。

以挂钟为例，陈凯同学可以把挂钟调得分秒不差（当然是与传达室挂钟的时间分秒不差，因为我们学校的铃声以传达室挂钟的时间为准）。我一度很好奇，问他如何将挂钟调得这么准。陈凯同学告诉我："一旦发现挂钟不准了，下课就马上把它摘下来，把电池一端取出，然后把三枚指针调整好，等下节课快上课时，留心听，在铃响的一刹那，把电池安进去，搞定。"当然有一个备品例外，当事人不愿以他的名字命名，那就是垃圾桶。但这并不妨碍菠菠同学每次倒完垃圾后都把垃圾桶里外洗一遍。

有这样一个故事：少年卡内基（美国钢铁大王）捉到了一只野兔，野兔生下了一窝小兔子，结果造成了草料供应困难。于是他就召集孩子，告诉他们谁拔草喂兔子，就用谁的名字为兔子命名，孩子们响应热烈。成年后的卡内基在美国宾夕法尼亚铁路公司旁建造了炼铁厂，并以该铁路公司董事长的名字作为厂名，自然，他生产的铁轨又多了条销路。教师以学生的名字来命名备品，是否也有着异曲同工之效？自己的名字被用来命名班级备品，这对学生来说是一件非常光荣的事情，会让他们认识到自己的价值，并从此提高他们在集体中的归属感。

5. 专利——以学生的名字命名专利

在班级管理中，如果有学生出的点子很有创意，我就以该学生的名字命名这个点子，如"某某发现""某某方法"等，同时我还郑重其事地发给他们"专利证书"。期末，我还将这些"专利"整理成一览表，打印后发给学生和家长。这样一来，学生的金点子更是层出不穷，"创造发明"也越来越多。如薇薇同学提议，国庆节的社会实践活动以"西博会"为主题并采用双语调查形式，于是该活动就被命名为"薇薇行动"，结果这一活动受到了杭州市市长的高度重视，副市长还亲自到学校来宣读感谢信。有时我会让学生独自出题或小组命题，老师在此基础上进行整合，题目一经录用，就会在试卷题目后用小字打上"某某同学供题"或"某某小组供题"的字样，学生于是兴趣高涨，好题层出不穷。

用名字命名品牌或技术创新，如"张小泉剪刀""抓斗大王包起帆"

等，是对首创精神的尊重，也是对人的尊重。上述案例中，学生也成了“发明家”和“发现者”，这无疑可以提高他们的自豪感、荣誉感，激发他们的主动性、积极性和创造性。

6. 桌签——为每位学生制作桌签

每次接手新的班级，我都会将学生的名字用粉红色的纸打印出来，制作成一个个精美的桌签。待学生来报名时，他们就可以对号入座，并顿时会有一种不一样的感觉：震撼、惊喜、激动……有学生问：“老师，你把我们当领导了吗？”我笑笑：“在我眼里，你们都可以当领导，当然这需要你们时刻磨炼自己，就如同一粒沙子，要成为珍珠，就必须躲进黑暗的蚌壳内接受磨炼。”学生一脸庄重，内心却是雀跃不已。

家长会上，桌签一放，每位家长就会表现得极有修养，无人接听手机，无人抽烟，无人不做笔记……他们都进入了“领导”的角色，最不济的也能守住不给自己孩子抹黑的底线。家长既然如此在意自己的形象，我便乘机拍照。第二天，我跟学生说：“昨天，你们的爸爸妈妈是如此认真、如此专注、如此投入，请看……”然后出示照片，学生看后无不感动。

有非本班教师来上公开课时，摆上桌签后，学生为了让老师能记住自己的名字，会拿出最佳状态，于是我们班就成了公开课的“专用班级”。

记得有人为了调查人们使用频率最高的字，对 100 名测试者随手写下的字进行了统计，结果发现 80% 的人写下的竟是自己的名字！奇怪吗？不，这恰恰说明名字在每个人心中举足轻重的地位。桌签不仅把学生，也把家长置于一个“领导”（可别误以为我是一个“官”念很重的人哦）的位置，有了这样的“标签”，他们会更注意自己的言行。可见，桌签虽小，却能产生“四两拨千斤”的功效。

7. 暖色 —— 用“暖色语”称呼

称呼学生时，我一般都省略他们的姓，比如“章登辉”只称“登辉”；名字只有一个字的则采用叠加法，比如“庄宁”只称“宁宁”；对一些在某方面有特长的同学则采用“借指法”，比如某某同学篮球打得很棒，便称他为“小姚明”，某某同学跑得很快，便称他为“小刘翔”；有时我还诙谐地用“小的们”“某某同志”“某某朋友”等“暖色语”来引起学生的注意和共鸣。同时，我允许学生直呼我的姓名，也对学生给我起并无恶意的绰号表示宽容，例如“书（输）记”（因为我与学生打乒乓球时总是输多于赢）、“大王”（因为我有时会称他们为“小的们”）等。

别称不同于学生原来的名字，所以对学生来说有一种新鲜感，可以带给他们别样的心情，容易引起他们的注意。使用时，语调应随不同的教育教学目的而有所变化，温和、严肃或激昂。不管使用哪种语调，你都必须包含自己的情感，能让学生感觉到你对他们的关爱。

8. 虚构 —— 用名字虚构出精彩瞬间

因为接受能力差，小龙总认为自己是一棵卑微的小草。其实她扫地是非常认真的，我们班的教室也因为有了她而异常干净。于是我想了个办法：“同学们，我们班能取得这么多成就，是因为每个人都具有集体责任感，今天我们要推选一位责任之星，你们写下心目中理想人选的名字和理由，然后交上来。”

很多同学“入围”了。当我念到小龙的名字时，教室里一下子安静了下来，同学们一脸惊讶。我念道：“热心、爱劳动、有爱心。”说完我带头鼓起掌来，接着全班同学跟着鼓掌。小龙还是低着头，努力保持平静，但我看得出她的内心在翻江倒海。没有人知道，我读的那张纸条上，其实一个字也没有……

我以一个“莫须有”的名义把小龙推到了全班的视线内，可以断定，那一刻小龙的名字勾连着、牵动着她的心，它已经不仅仅是一个区别于其他人的符号，而已成为一种力量，激发着小龙的热情。

名字是一个人在这个世界上与自己关系最亲密的符号，也是最能够引起自己重视的字眼。学生更是如此，他们希望自己能引起老师的注意，得到老师的重视。如果我们用心开发，这些我们习以为常的名字，必将流光溢彩，产生出人意料的效应。

四、用好教师自己的名字

在教育的旅途中，我们不可能要求别人都记住我们的名字，但如果方法得当，我们还是能够让自己的名字成为一道独特的风景。

1. 签名——让名字也成为一种奖励

为了满足学生的需求，我时不时为表现良好的学生签名、留言。只要学生在课上受到表扬，我都会在那一课学生教材的空白处重重地、美美地签上大名。有的学生作业十分优秀，我也同样为他们慷慨签名，有时还送上一句祝福、勉励的话。我们班的最高奖品便是我的一张绝版签名照。

在生活中，我们经常可以见到一些明星、名人进行签名活动，许多“追星族”拿到签名后如获至宝。同样，教师是学生心目中天生的偶像与名人，教师的签名也是学生梦寐以求的。因此，教师应该利用好自己的“名人”效应，让学生成为拥护你的“追星族”，让你的名字成为一种情感投资和精神奖励。

2. 名片——让名字也飘香留情

在平时的学校生活中，学生常常以“语文老师”“数学老师”“历史老师”“生物老师”等来称呼教师，久而久之，他们会忘记自己老师的名字。为避免这一情况，我会给那些进步明显或一贯表现良好的学生分发自己的“名片”，一是作为奖励，二是好让他们有问题时方便与我联系。

有人专门就教师的姓名问题对学生做过调查，结果发现，能完整写出教师姓名的学生仅占10%左右，能写出教师姓氏者也才不足30%。曾有一位学生相当直率地询问他的科任教师：“老师，你是谁？”这不得不让人感到吃惊。教师在学生面前屡次自报家门多少有点尴尬，分发名片不失为一种好办法。

综上所述，名字是一笔可观的教育资源，我们在用心对待学生名字的同时，也走进了学生的心灵。这是一个极其简单的教育细节，其内涵却极不简单，从中透射出的，是人文的关怀，以及教育的磁力、张力和活力。当然，能否用好名字，还需要教师下一番功夫，文火慢炖，才可出真味。

你的语言是火把，还是利剑？

——与学生对话的艺术

以下据说是苏格拉底与失恋者的一段对话。

失恋者："您说我该怎么办？我真的很爱他。"

苏格拉底："真的很爱他？那你当然希望你所爱的人幸福？"

失恋者："那是自然。"

苏格拉底："如果他认为离开你是一种幸福呢？"

失恋者："不会的！他曾经跟我说，只有跟我在一起的时候，他才感到幸福！"

苏格拉底："那是曾经，是过去，可他现在并不这么认为。"

失恋者："这就是说，他一直在骗我？"

苏格拉底："不，他一直对你很忠诚。当他爱你的时候，他和你在一起，现在他不爱你，他就离去了，世界上再也没有比这更大的忠诚了。如果他不再爱你，却要装着对你很有感情，甚至跟你结婚、生子，那才是真正的欺骗呢！"

失恋者："可是，他现在不爱我了，我却还在苦苦地爱着他，这是多么不公平啊！"

苏格拉底："的确不公平，我是说你对所爱的那个人不公平。本来，爱他是你的权利，但爱不爱你则是他的权利，而你想在自己行使权利的时候剥夺别人行使权利的自由，这是何等的不公平！"

失恋者："依您的说法，这一切倒成了我的错？"

苏格拉底："是的，从一开始你就犯了错。如果你能给他带来幸福，他是不会从你的生活中离开的，要知道，没有人会逃避幸福。”

失恋者：“可他连机会都不给我，您说可恶不可恶？”

苏格拉底：“当然可恶。好在你现在已经摆脱了这个可恶的人，你应该感到高兴，孩子。”

失恋者：“高兴？怎么可能呢！不管怎么说，我是被人给抛弃了。”

苏格拉底：“时间会抚平你心灵的创伤。”

失恋者：“但愿有这么一天，可我第一步应该从哪里做起呢？”

苏格拉底：“去感谢那个抛弃你的人，为他祝福。”

失恋者：“为什么？”

苏格拉底：“因为他给了你忠诚，给了你寻找幸福的新的机会。”

…………

（参见 https://zhidao.baidu.com/question/1603642552821731747.html）

尽管这段对话很有可能是网友伪作，但它简洁凝练，极富意味。面对失恋者诸多诘问，苏格拉底从容引导，其思想和语言的智慧让失恋者摆脱了消极、迷茫和偏激，走向了积极、清醒和释然。

这对我们班主任多具有启发意义呀！我们的教育对象时常处于迷茫和困惑之中，需要我们用语言的“火把”照亮他们的心灵；他们时常处于失落与孤寂之中，需要我们用语言的“种子”丰盈他们的内心世界。

如果把德育过程看作一条“线”，那么每一次言说都是其中的一个“点”，德育就是由许许多多这样的“点”聚集而成的，也就是说，每个“点”的质量都影响着德育这条“线”的整体效果。

“工欲善其事，必先利其器”，我们必须重视语言的力量，在“点”上下功夫，丰富自己的底蕴，增加自己的学识，修炼自己的涵养，从而能对学生进行有意味的言说，让语言成为教育的利器，培育学生优秀的品质。

一、与学生对话的误区

面对同样的教育情境，教师说的角度不同，效果就会截然不同。有意味的言说就像“火把”，可以点燃学生进取的希望；同时又像“石子”，可以激起千层浪，或者在学生心中泛起层层涟漪。而无意味的言说则好比是一潭“死水”，毫无生气与灵气；又好比是一把“利剑”，会砍伤学生奋发的锐气。在教育实践中，许多班主任与学生的言说主要存在着如下几方面的缺憾。

1. 絮絮叨叨，不着边际

（一学生在自习课上闲着无事，将一个纸团扔出窗外，恰巧被前来巡视的班主任看见）

师：在扔什么？

生：纸团。

师：扔纸团下去会有什么后果？

生：破坏卫生。

师：幸好是纸团，如果扔的是木头呢？

（学生开始沉默，不予理会，教师继续发挥。学生苦笑，耸耸肩，表示十分无奈，间或与他人使眼色，表示不屑。其他学生无所事事，频频看教室后面的挂钟，有的趁机嬉戏打闹一番。）

许多班主任都喜欢重复冗长的讲话方式，他们将话语一遍又一遍地重复，如唱催眠曲，以为只有这样才能让学生加深印象从而自觉上进。尤其当学生犯了错误时，更是一而再、再而三地强调，以为这样能让学生刻骨铭心，从此不再犯错。可事实却是，任你青筋暴起、唾沫横飞，学生都只是一笑而过、依然如故。可见，过度说教是教师招致学生厌烦的原因之一，也是浪费时间的罪魁祸首，并不能起到多少教育效果。

2. 指责训诫，激化矛盾

（有个学生忘了带作业本）

师：你过来，黑板上怎么又有你的名字？

生：我忘记带作业本了。

师：你的记性可真好，昨天忘了带，今天又忘了带，看来要找个医生诊断一下，看你是否得了健忘症。我说过多少遍了，睡前要检查一下，你知不知道？

生：知——道——

师：明明知道为什么还这样做？这不是明知故犯吗？

（学生沉默以示对抗）

师：什么态度？你给我说清楚！

生：我刚才怎么啦？

师：你爹妈是怎么教育你的，给我把他们叫来。

（气氛开始变得凝重，双方陷入僵局）

在本案例中，一开始学生还在为自己的错误感到内疚，但教师的不依不饶和严厉指责，使他由“内疚”变为了“对抗”。由于教师在短时间内集中“火力”打“歼灭战”，裹挟着“热带风暴”袭向学生，因而即使他此时说的句句是真理，字字是良言，学生也难以接受，并由此产生了抵触情绪。这就是许多学生与教师“顶牛”的一大原因。

3. 陈词滥调，了无新意

（班主任晨读时巡视，发现许多人不在状态）

师：同学们，学习是很重要的，人生啊……

（下面有学生轻轻接话：“只有两万多天哪！”）

师：一年之计在于春……

（下面有学生继续接话：“一天之计在于晨。”）

师：所以，“及时当勉励，岁月不待人”哪！

（学生做晕倒状，教师继续“发挥”，不时附带“嗯”“啊”“呀”等没有意义的语气词）

不少班主任喜欢套用经典名句，却往往因滥用而走向了反面。生活经验告诉我们，当我们极度口渴时，喝下的第一杯水是甘甜的，随着水喝得越来越多，满足感将逐渐减少，当喝到饱腹时，再喝就反胃了。同样，再经典的名言，若反复套用、滥用，不仅达不到理想的效果，还会引起学生的反感。还有那些无意义的语气词，割裂了完整的语意，同样会降低教育效果。

4. 嘲讽抢白，伤人无形

在日常对话中，教师的一些习惯用语所产生的“杀伤力”不容忽视：有些教师习惯用“真笨”“白痴”“猪脑”“榆木疙瘩”“木头”“笨到家”“脑子进水”等侮辱性语言；有些教师习惯用“就你行”“我真搞不懂”等抢白性语言；有些教师习惯用“你总是”等指责性语言；有些教师习惯用“给我”等命令性语言……

教师使用这些习惯用语，在一定程度上是一种无意识行为，但无意识的东西往往是最真实的，它常常反映出一个人真实的意图和观点，能间接体现一个人一贯的态度。如果一个人经常听到对自己不利的话语，一般他会做出两种反应：要么对对方产生反感和抵触情绪，要么对自己产生怀疑。作为学生的重要他人，教师如果反复对学生进行矮化和贬低，不难想象，学生的自尊将会受损，他的自我期待将会大幅降低。

5. 频频搅扰，不顾时机

（早上，教室里书声琅琅，班主任忽然发现有个学生在发呆）

师：××，怎么回事？一大早就发呆，快点儿读。

（该生慢腾腾地翻书，其他学生停下来看他）

师：看什么看，关你们什么事，管好自己！

（于是读书声又起，教师突然发现另一个学生的作业未交）

师：×××，快点把作业本交上来。

（该生放下书，翻找抽屉，其他学生再次停下来……就这样，早读进程就在班主任的训斥中被频频打断）

班主任的讲话必须考虑到语境，要把握好讲话的时机和方式，而不可随意临场发挥，破坏良好的氛围。上述案例中，班主任看似在积极引导，介入学生学习，关注个体，可效果却很不理想。且不说当众责问会给当事学生带来负面情绪，它还干扰了全班同学的正常学习，降低了学生的学习热情和学习兴致，原本积极的学习氛围在教师的不当干预下走向了消极，此后，教师再来设法调整，难度可就大了。其实教师完全可以换一种方式，比如，轻轻走过去，对犯错学生进行提醒。

6. 不问原委，主观臆断

（同学们都在奋笔疾书，认真自习，一个学生却趴在课桌上“睡觉”）

师：××，你在干什么？

（该学生无动于衷，对老师的话置若罔闻）

师：说你呢，还趴着？！

（学生依然一动不动）

师：怎么这么一副死相……

（教师事后得知，该生的父亲刚刚病逝）

对突发事件，教师要及时处理，但及时不等于武断。上述案例中，教师看似在介入教育事件，努力对学生进行思想教育，但实质上却是一种鲁莽粗暴的行为，缺乏对学生起码的尊重。虽无恶意，却在不经意中流露出真实的教育观念，体现的是教师颐指气使的真实心理。这样的语言模式，容易使学生产生自己是班级的累赘这样的消极心理，进而产生自责感和愧疚感，甚至产生自暴自弃的心理。

7. 一厢情愿，事与愿违

（某学生因亲人去世，悲伤不已。班主任出于好意，想帮他走出哀痛，便鼓动全班同学关爱这位学生）

师：同学们，×× 同学的亲人前几天不幸去世了，希望大家多一份爱心，关注身边的同学。

（哪知这位学生不但没有感激之色，反而不愿再来上课了）

本案例中，教师原本是一番好心，却没有料到自己的话语反而对学生构成了伤害，这不能不说是一种遗憾。原因何在？其实，对话的关键不在于一个人说了什么，而在于对方感受到了什么。事实上，学生更渴望得到教师的尊重。教师在潜意识里把学生当成了弱者，于是无形中让学生背负起了沉重的心理负担和精神压力。

8. 机智不足，陷入被动

（一学生几乎天天迟到，这天他又迟到了，并不紧不慢地走向教室，班主任在门口拦住了他）

师：我都到了，你怎么又迟到？

生：喂！有没有搞错？你不到我也迟到。

师：你这样天天迟到，干脆别来上课了。

生：这话可是你说的！

（该生转身就走，教师愣在原地）

我想起了一个不是笑话的“笑话”：有位学生拿着一道题目去“请教”老师：“这道题的答案怎么会是 B 呢，我怎么做都是 C。”老师思索良久，也认为是 C，但看学生言之凿凿坚称答案是 B，便勉强以 B 为答案倒推回去。结果学生大笑：“答案不是B，而是C。”老师窘迫无比。上述案例中，也出现了类似的情景，学生不但藐视老师，还搞脑筋急转弯，转移了问题的焦点。这一方面体现了学生素养的低下，另一方面也反映了教师应变能力的缺乏。

9. 辞藻华丽，悬浮于表

> 有些教师为了卖弄自己的学识，经常使用“你的个性如水……”之类的语言，听着优美，实则不知其意；有的教师刻意制造幽默，模仿娱乐节目主持人，使用“高，真高，实在是高”之类近似江湖卖艺者圈地揽客的捧场语言刺激学生，为求调动情绪流于低俗，毫无美感可言，更谈不上质感。

言说不只是一个单纯的技巧问题，更反映了人与人之间真实的交往历程。它既是形象和外衣，又是素养和内涵，它应该精彩而不夸张、生动而不庸俗、幽默而不油滑、清晰而不板滞，犹如适当的温度对一颗种子的意义。如果不是发自教师的内心，那么再漂亮的语言也只是空中楼阁，只能沦为一种美丽的摆设；如果不是源自教师的真诚，那么再美丽的语言也将异化成轻浮的油滑、无聊的噱头和做作的滑稽。

10. 出尔反尔，自食其言

> 班里出现了不良现象，班主任为了抓住“目标”，便私下找学生调查了解，并一再许诺保守秘密。学生招架不住，如实道来，列出了名单。班主任“证据”在握，对照名单一一“抓捕”，但这些人断然否认。班主任情急之下说道：“某某同学都看到了，你还想狡辩？”于是这个某某同学马上就成了全班同学的众矢之的，被大家视为“叛徒”和“内奸”，背负上了沉重的思想包袱。大家对班主任的信任也由此降至冰点，此后班主任的话语失去了作用。

要使自己的语言有分量，教师就必须身体力行，有诺必践，做有诚信的无声榜样，否则就会失去学生的信任，正如孔子所说："人而无信，不知其可也。"(《论语·为政》) 本案例中，教师出尔反尔的行为不仅严重伤害了学生，更使教师本人威信扫地。

二、与学生对话的艺术

教育家夸美纽斯说，教师的嘴，就是一个源泉，从那里可以涌出知识的溪流。那么，如何使语言充满情趣和魅力，从而使之成为触动学生思维的"穴位"和源头溪水？我想我们应遵循以下几个原则。

一要注意语境，巧抓时机。语境之于语言本身，犹如汤之于盐，盐需溶入汤中，才能被吸收；语言也需融入语境之中，才能显示出其活力和美感。有效的对话强调"语"与"境"的融合，对话内容（即"语"）与谈话氛围（即"境"）须达到高度和谐，浑然一体。

二要巧选角度，平中见奇。同一个问题，可以站在不同的角度来组织语言，角度不同，效果自然就不一样。教师如果能从不同的角度和侧面"切入"问题，或对问题进行多层面的分析、多视角的观察、多方位的思考，就必然能得出新异的结论，教育效果也将"横看成岭侧成峰，远近高低各不同"。

三要注意分寸，拿捏适度。煲汤需要讲究火候，有些需要文火慢炖，有些需要大火猛烧。教师的言说也需要讲究度，需要把握分寸，如果"过度"就会超限，如果"不及"又达不到既定目的；如果"过露"就会减少学生反思的空间，如果"过隐"又会使学生在外围兜圈子，从而迷失方向。

结合实践，我摘取了以下几个我自认为取得了一定成效的对话实录供读者参考。

1. 顺水推舟——因势利导，水到渠成

当学生走入认识的误区或盲区时，教师需要对之进行巧妙引导，指点迷津。此时，最好的办法是从旁观者的角度为学生提供合理化的建议，或以引导者的姿态给予其真诚的帮助，这对一个正处在迷途中的当局者来说无异于给他送去了一束光亮，让他看到了方向或希望。可以想见，学生的内心深处将受到一种不同凡响的震动，进而产生一种茅塞顿开的感觉。

案例一："文化的附加值"

（一学生酷爱画画，甚至在非美术课的课堂上也画，科任教师颇为不满，而他本人却不以为然，于是我前去找他）

师：你最喜欢什么？

生：画画。

师：你有绘画天赋，如果能再加上深厚的文化功底，那就是锦上添花了。

生：画画需要的是技巧，它需要知识吗？

师：一个土豆不值五毛钱，但如果做成薯条就值五块钱，这就是产品的附加值。同样，有些世界名画价值斐然，这固然与画家的高超画技密不可分，但更为重要的是，这些画作寄托了画家独特的思想内涵，这就是它们的附加值。但人的思想不是凭空而来的。

（学生猛然有所悟）

案例二："揣一根坐标尺上路"

（有个学生一心想考取杭州市排名前三的重点高中，可是以她的成绩，进入前八都有些困难。我虽然相信"一切皆有可能"，但这必须符合最基本的事实。所以，当务之急是帮助她理性认识自我，并科学设立目标。这不，学情调研考试刚结束，她就哭丧着

脸来找我。)

生：老师，我又没考好！

师：嗯，我看过分数了。

生：如果再仔细一点儿，我就可以多拿三十多分。

师：好像其他同学也这样感慨。试想，如果大家都能够再多拿几十分，总的名次是不是并没有什么变化？

生：(略做沉思) 好像是这样。

师：若是这样，你可能离你的目标有点远了！

生：我也为此纠结。

师：其实，放手就能解决这个问题。

生：(惊愕) 老师，您不是一直教导我们做事要有始有终吗？您不是时常告诫我们“靡不有初，鲜克有终”吗？

师：美国前国务卿赖斯，小时候一直梦想成为职业钢琴家，在她 16 岁那年，她偶然发现一个 11 岁的孩子只要看一眼就能演奏自己要练一年才能弹好的曲子。于是赖斯果断放弃做钢琴家的梦想，转而攻读国际政治学。正是这一次勇敢的放弃和及时调整，才使她获得了之后的成功。可见，目标有时要“变化”，当然要尽可能地少“变化”。

生：可是如果就此放弃，我会认为自己是懦夫。

师：使人执着的可能是坚韧，也可能是固执；使人放弃的可能是懦弱，也可能是智慧。我们需要做的是“揣一根坐标尺上路”，一面督促自己不懈努力，一面提醒自己适时调整。

(该生默默离去，并降低了自己原定的目标。后来，她见自己能基本达到调整后的目标，便渐渐自信起来。)

案例三：“是沙子，就长成珍珠；是泥巴，就锻造成器”

(有个自卑的学生来找我)

生：老师，都说金子到哪儿都能发光，可我不是金子，我该怎么办？

师：那你认为自己是什么？

生：（略做沉思）是沙子。

师：如果是沙子，那就躲进蚌壳，让自己长成一颗珍珠，但这需要忍受孤寂与黑暗。

生：可是，如果我没有被蚌壳接纳呢？

师：那就与水泥一起搅拌成混凝土，去黏合一砖一瓦，或许不被人所认识，但没人会否认你的价值。

生：如果我连沙子都不是，而只是泥土呢？

师：那就投进熔炉，把自己锻造成器。

生：（点头表示赞同）

师：记住，不论是微如尘土，还是凡如细沙，你都可以创造出自己的价值。

（该生不语，只是郑重地点头）

案例四："学习知识和技能有三个层次——懂、会、通"

（一学生自认为天资聪慧，不屑做笔记，也不屑去复习，所以成绩向来不如意。我找到了他。）

师：我很少见你复习，你妈妈说你在家也从不复习。

生：我觉得我都懂了。

（他可能意识到自己的说法不太恰当，有些不好意思，马上做了补充）

生：我也很奇怪，上课老师讲解时我明明都能听懂，可为什么面对题目时脑子就会"短路"。

师：你知道吗，学习知识与技能有三个层次——懂、会、通，首先要能听懂老师的讲解，进而能独立做习题，最后才能融会贯通。也就是说，懂了不一定会，会了不一定通。

生：原来如此！我就是属于懂了还不会的那一类。

师：做笔记并及时复习，可以帮你从"懂"的层次上更进一步。

生：可我现在不知道如何做笔记。

师：我的个人经验是“主线简明，细节饱满”。主线简明，能起到提纲挈领的效果；在主干清晰的基础上，充实细节，丰厚内容，这样就能增加知识的容量。

生：还要充实细节？我觉得这太麻烦了。

师：那你计算一下：90%×90%×90%×90%×90%=?

（该生饶有兴致地计算，计算结果让他大吃一惊：只有59%。他不再多言，若有所思地离去。）

在这些对话中，我们可以看到，教师将着力点放在了学生的困惑或迷茫之处，从而找到了引导的突破口，在“引”字上下功夫，在“导”字上费心思。“导”在内在需要时，“导”在认知偏离处，“导”在情感冲突点，“导”在思维定式处，从而使精彩不期而至。

2. 反弹琵琶——巧设伏笔，另辟蹊径

想起一个有趣的故事：有一年，葡萄大丰收，许多葡萄园主因请不到葡萄工而束手无策。有一位葡萄园主却另辟蹊径，刊登了一则启事：凡想亲自体验摘葡萄、酿葡萄酒乐趣的人请与我联系，每天只需交25欧元。结果，游客纷至沓来。那个葡萄园主不仅顺利采摘了葡萄，还获得了一笔额外收入。这就是换个角度思考所带来的奇妙变化。

案例一：“真正的善是需要有远见的”

（早上巡视教室时，我发现一位科代表正满教室地跑，于是我便走了过去）

师：干吗跑来跑去？

生：催同学交作业。

师：你确实是出于一番好意，但我却要批评你。

生：（惊愕，又有些委屈）

师：一来你跑来跑去妨碍了其他人早读；二来你这么做会使

有些同学养成被动交作业的习惯，心想反正你到时会去催他；三来你浪费了自己的早读时间。

生：（微微点头）

师：还是严格按规则办事吧，早上未及时交作业的同学就按照未完成的来处理，或许他们开始时会叫屈抱怨，但时间久了，就会养成按时交作业的习惯。

（果然，在我重申这一班规时，有些学生一脸不满，分明是想说："我又不是没做，只是忘了交而已，这也算没做？"我对此视而不见，笑着征询避免忘交作业的良策。最后大家提议，头一天睡觉前核对一遍需要上交的作业，并统一装在文件袋里。此后，早上交作业变得井然有序，我再次找到那位科代表。）

师：你看，真正的善是需要有远见的。

（该生不好意思地笑了）

案例二："留到最后的才是最好的玉米"

（有个学生课堂表现欲很强，发言积极性超高，每次老师的问题刚一说出口，他就抢着举手，若是老师没叫到他，他就很不高兴，生闷气。对此，我想好好开导他一番。）

师：你好像不开心？

生：老师偏心，故意不叫我。

师：错了，恰恰相反，老师非常看好你！

（该生一脸疑惑地看着我）

师：你知道吗？田里留到最后的玉米往往是最好的玉米。

生：为什么呀？

师：因为它们要被用来做来年的种子。

生：这样啊！

师：同样，老师开始不叫你，是希望在别人回答不出，或答案不够准确、不够全面时，你再出场。你不知道在颁奖典礼上最后出场的才是大牌吗？

（该生开心地离去。此后，他用心倾听其他同学的发言，以免自己的发言与他人重复，努力做“留到最后的玉米”。）

案例三：“0.4 因四舍而归 0，0.5 因五入而成 1”

（有个学生很容易自满，认为自己比上不足比下有余，对自己没什么要求。在精心组织了措辞后，我找到了他。）

师：你认为 0.4 与 0.5 的差别大不大？

生：很小。

师：如果加一个条件，在四舍五入的情况下，差别大不大？

生：（猛地一惊）很大，一个是 0，一个是 1。

师：是的，0.4 因四舍而归 0，可 0.5 却因五入而成 1，这就是“失之毫厘，差之千里”。现在你们在同一个班，看起来起点差不多，但若干年后，你们的人生之路将会有天壤之别，而这天壤之别也许就源于现在的毫厘之差。

在教育中，很多时候如果按常规逻辑“顺”序引导，学生的思维会很容易沿着单一的线路顺着惯性“滑”下去，很难走向深刻。此时我们不妨化顺为逆，变导为堵，有意设置一些思维的“障碍”，从相反的视角切入，从而使学生就势打破自己原有的思维定式，反答为问，欲答还问，由此曲折生姿，走向深刻。这样的方式如高手下棋：第一步的落子，是为下一步做铺垫和酝酿。

3. 侧面迂回 —— 旁敲侧击，曲径通幽

戏剧里青衣走台步，明明可以直奔主题，却偏偏要走一个圆场，因为这样做可以增加舞台的感染力，这就是迂回艺术的魅力。教师的语言也是如此，要隐含一些“潜台词”，从而有效引发学生的思考。而要达到这样的效果，教师不妨变直为曲，言此意彼，增加语言的含金量。

案例一："拥抱是最好的办法"

生：老师，我很讨厌瑶瑶。

师：感谢你对我的信任，愿意告诉我你的心里话。可是，你为什么这么讨厌她呢？

生：具体事情我不想说了，只是憋在心里难受，所以找你说说。

师：哦，那我就不问了。只是你俩同在一个班，每天低头不见抬头见，你怎么去面对她呢？

生：我也不知道，现在每次看到她，我都假装与别人说话或低头系鞋带。

（此时我无意间瞥到绿化带周围有一圈水泥桩，这些水泥桩和平衡木差不多宽，于是我带着她走过去，然后面对面地站在上面）

师：我要过去，你要过来，有没有办法？

生：我们相互侧侧身吧。

（结果无论我俩如何侧身，就是不成功，这条"平衡木"实在太窄了）

师：我有个办法。

（我上前，抱起她，然后小心翼翼地转身，这次终于成功了）

师：看，狭路相逢时，拥抱是最好的办法。

（该生低头不语，若有所思）

（最后她与瑶瑶重归于好，而我至今不知道她俩之间到底发生过什么不愉快的事，可是这个已经不重要了）

案例二："对付脓包，最好的办法是用针挑掉它"

（几年前，我新接手一个初三毕业班，发现班里作业抄袭现象极其严重。于是我大刀阔斧地进行整治，查找出一大批抄袭者。事后，我又对全班进行了一次疏导。）

师：如果有人长了一个脓包，可以有哪些办法对它进行处理？

（学生面面相觑，不知道老师的葫芦里卖的是什么药）

师：第一种办法，用布包着，以免被别人看见，这办法如何？

生：不好，这样反而会使脓包更加严重。

师：第二种办法，坐视不理，任其自生自灭，这办法又如何？

生：也不好，这样脓色可能会好起来，也可能会更严重。

师：第三种办法，把针放到火上烤热消毒，然后用它去挑破那个脓包，拔出脓头，这办法呢？

（学生点头表示认可）

师：这样做虽然会痛，但唯有如此才能真正治好脓包。

（学生沉思，直至下课也未离开座位）

案例三："聪"字新解

（有个学生常自诩为"天才"，这不，他又在吹嘘自己是何等的聪明了，全然不顾他人的厌烦表情，于是我走了过去）

师：你知道聪明的"聪"字是怎么写的吗？

（该生边狐疑地看着我边书写"聪"字）

师：你看，所谓的"聪"，就是善于用"耳"倾听、用"两眼"观察，并在此基础上用"口"表达，而这一切都离不开用"心"。

（该生十分羞愧，此后行事低调了许多）

课文《挑山工》里，挑山工走的路是折尺形，看起来是多走了路，可在游人中途疲惫不堪时，他们却还能一直朝前走，最终反而先到了目的地。上述各案例中，教师针对学生的认识偏差，随机应变地将"顺叙"方式改为了"倒叙"方式，如此绕道迂回，反而找准了教导学生的突破口，可谓"曲线救国"。

4. 寓庄于谐——寄情于理，寓奇于正

正如药丸外面裹上糖衣能使药丸不苦口一样，幽默的语言也能给枯燥的道理裹上一层“糖衣”，从而使学生乐于接受。那么如何才能寓庄于谐呢？教师不妨把语言“包装”一下，利用对比、双关、比喻、借代、夸张、反语等修辞方法，来表达意味深长的内容。

案例一：“我该为你高兴，还是该为你担心？”

师：你们一般花多少时间做作业？

多数学生：两个小时。

一学生大叫：我只需要半个小时。

师：我该为你高兴，还是该为你担心？

（该生不好意思地笑笑）

案例二：“因为我没看见你呀！”

（自习课上，有学生见我不在，开始吵闹起来。我突然出现，那几个吵闹的学生马上装模作样地写作业以掩饰自己的心虚）

师：给你们讲个小故事：有人闯红灯，不巧旁边有交警，把他给拦了下来。

（学生停下笔，听老师讲）

师：交警问他：“你没看到红灯吗？”你们猜他怎么回答？

生：他肯定说没看见。

师：错，他说看见了。于是交警又问：“看见了，那你怎么还闯红灯呢？”

（学生等待老师继续）

师：他回答道：“因为我没看见你呀！”

（那几个吵闹的学生顿时羞愧地低下了头）

案例三：“现在是广告时间，稍后更精彩”

（一次在布置班级事务时，有个学生开小差，我见状后，微微一笑）

师：现在是广告时间，稍后更精彩。

（该生马上有所察觉，于是调整状态，重新回到课堂上。我继

续布置任务）

案例四：“你愿不愿意把一辈子要吃的饭都一次性吃好？”

（一次课间，一学生边写作业边念叨）

生：老师，为什么每天都有作业？若是一次性把所有作业都做完，那该多好！

师：你愿不愿意把一辈子要吃的饭都一次性吃好？

生：不愿意，即便吃得下，也会造成消化不良啊！

（他突然停住，抬头看我。我也不说话，只是看他。师生俩相视而笑）

当然，幽默只是师生交流的佐料，切不可喧宾夺主。任何教育活动，无论它的表现形式如何风趣诙谐，都必须有一个严肃的主旨，有着发人深省、耐人寻味的内涵。也就是说，语言既要“寓庄于谐”，又要“寓奇于正”，严谨而不乏情趣，诙谐而不失庄重。

5. 点而不破——适当留白，发人深省

中国国画有“留白”之说，吟诗作文也有“悬念”之说，意思是作者只言七分，其余三分由观众或读者自己去想象，目的是给观众或读者留点思考的空间，从而分享遐想之快乐，品尝创作之真味。教师与学生的对话也是如此，不妨适度留白，虽言语不多，却形神俱备，从而让语言更具节奏之美和张弛之力。

案例一：“只不过多了一层水银”

（有个学生因获奖无数而自视甚高，目空一切。我觉得有必要找他谈谈，于是先拿给他一块玻璃。）

师：看见了什么？

生：看到操场上有许多同学，有的在交谈，有的在锻炼。

（我又给他一面小镜子）

师：看见了什么？

生：当然是我自己。

师：镜子只不过比玻璃多了一层水银，然而你却再也看不到别人，只能看到你自己。

（该生羞愧万分，从此不再炫耀自己的成绩）

案例二：石阶和佛像

（有个学生自己不太用功，却总是羡慕别人能够取得优异的成绩，于是我找他谈心）

师：石阶和佛像的出身是一样的。

生：是的，都是石头做的。

师：但命运却大不相同。

生：石阶被人踩踏，佛像却被人供在殿堂。

师：你知道这又是为何？

（该生困惑不解地摇头）

师：因为石阶当初只挨了六刀，而佛像却经历了千刀万凿。

案例三："知了把劲使在嘴上，马把劲使在腿上"

（有个学生闲话特别多，为了满足自己的发言欲望，从不顾及他人的感受，其他同学都对他厌烦不已。我觉得有必要找他谈谈，但又不能让自己落得像他一般的"话痨"，于是精心构思了一番）

师：知了和马，你喜欢哪一个？

生：当然是马，马奔波得很辛苦。

师：可知了每天叫个不停，也很辛苦哇！

生：知了叫得太多了，让人厌烦。

师：是的，知了把劲使在嘴上，而马把劲使在腿上。

（该生突然有所觉察，脸红，不语）

语言，有时需要"瘦身"，有时又需要"健身"，从而提高其思维含金量。教师在教育中不可能也没有必要把每一个问题都阐释清楚，关键在于引导，所谓“不愤不启、不悱不发”。上述案例中，教师通过有意味的言说，直逼教育的思想内核，同时又与教育的内容无缝衔接，催人深省。

6. 单刀直入——直奔主题，切中肯綮

三言两语可以点明的，就无须费劲兜圈绕路；要言不烦、言简意赅的，其实更加耐人寻味。

案例一：“你俩不是瑜亮，而是焦孟”

（有个成绩在班上数一数二的女生来找我）

生：老师，我很苦恼。每次考试，同学们总在押宝，赌我和Y（另一个成绩数一数二的女生）究竟鹿死谁手，他们都说我们俩是“瑜亮之争”。

师：你和Y不是瑜亮，而是焦孟，焦不离孟，孟不离焦，彼此成全对方，同时也造就自己。

（该生轻松离去。两人的成绩至今都保持在年级前几名，更可贵的是，两人一直保持着深厚的友谊）

案例二：“‘正’字的每一笔都是横平竖直”

（有个学生做操时有些懒散，手脚软绵绵的，如同被抽了筋骨，于是我走了过去）

师：做操如做人，要站得直行得正，你看这个“正”字，每一笔都是横平竖直。

（该生有些羞愧，顿时抖擞精神，认真做操）

案例三：“功夫一样花，效果大不同”

生：真倒霉，每次听写都过不了。

师：李老师（英语老师）才倒霉，还得陪你们到这么晚。

生：（不好意思）可是每天放学都要留下来补听写，真的很痛苦。

师：为了不这么痛苦，你可以提前一天把这些任务完成啊。然后每天放学留下来准备第二天的听写任务，这样一来，功夫一样花，效果大不同。

（该生恍然大悟）

奥卡姆剃刀法则的要义是“如无必要，勿增实体”，讲话也是如此。有时，“短”“平”“快”的方式更有助于提高讲话的效率，能开门见山、直截了当，给学生以强烈的心灵冲击感。上述案例中，教师短短几句话，却闪烁着智慧的光彩，一语中的，切中肯綮，让学生有一种豁然开朗的通透感。

7. 积极沉默——于无声处，以退求进

有个小故事很能说明问题：有一群人在坐车时，发现有块广告牌上写着“阳光不锈”四个字，觉得很有诗意。结果等车再向前行驶时，被挡住的部分显露了出来，原来是“阳光不锈钢厨具”，一行人不觉大失所望，后悔不该看到后半部分。讲话的艺术也是如此，有时“显露”反而会失去语言的韵味，因而不妨保持积极的沉默。

案例一：此时无声胜有声

有个学生在课堂上讲闲话，并做与课堂无关的事情，于是教师突然停止正在进行的讲解，让全班同学保持沉默。这个学生立即有异样的感觉，停止了说话和小动作。这便是无声艺术的运用，于无声处留下“空白”，从而让学生进行自我反思，最终达到自我教育的目的。

案例二：一切尽在不言中

有一次监考时，我忽然发现了两个作弊“嫌疑犯”：后面那

位同学将一个小纸团轻轻地抛到了前面那位同学的座位边，前面那位同学迅速拾起并握在手里。我想将“罪证”拿到手，但又不想让那两个学生当众出丑。于是我平静地走过去，指指纸团又指指垃圾桶，学生疑惑地看看我，顿时明白了我的意思，刷地红了脸，轻轻地说了声“谢谢”，以掩饰自己的不安，并把攥紧的小纸团放到我手里。我很自然地把那个小纸团扔进了垃圾桶。接下来的时间里，这两位学生一直专心考试。

有些事情无须“真相大白”。上文中，教师没说一句话，却给学生留下了广阔的思维空间，“方寸之地，亦显天地之宽”，在为学生的自我反省留下“缺口”的同时，教师也为学生的健康成长打了一个“活结”。

8. 言行如一——行为跟进，后继保障

师生对话应追求自然和真实。在面对学生的冒失行为时，教师若能真诚面对，坦诚相告，不仅可以把深刻的道理灌输到学生的脑海里，更能将诚信的品质浇灌到学生的心田里。

案例一：信任要体现在行动中

（评选班委时，一个男生毛遂自荐参选生活委员，理由是自己很热心、很勤快，很愿意为班级服务。马上有学生“检举”，说他上小学时有一次“侵吞公款”，该生急红了脸辩解、否认。此时，不管他过去是否有过那个污点，我都需要表达自己对他的信任，并将这份信任体现在行动中。）

师：（问检举者）那件事是你亲眼看见的吗？

生 1：（摇头）我是听人家说的，不过大家都这么说。

师：如果没有实据，那就不可以乱说。

（我转身问那位自荐的男生）

师：如果你当选为生活委员，你将如何避免被人怀疑“侵吞公款”？

生 2：（沉思了好一会儿）我会把每笔收入和支出都记录下来。

师：这个主意不错，建议你列张“班费收支细目表”，将日期、收入、支出、经手人、审核人、主管、备注、余额等项目一一记载。

（该生点点头）

师：我们相信他是清白的，如若不信，请看他接下来的表现。

（因该生十分热情、勤快，同学们还是选了他。他走马上任后，每笔费用都记录得清清楚楚，不愧是班上的“财政部长”）

案例二：面对学生的疑问，我如实相告

（考试前，我正在对学生进行诚信教育，一学生突然冒出了一句话）

生：老师，你有过不诚信的行为吗？

（顷刻，全班同学的目光都聚焦在我身上，气氛突然变得紧张起来）

师：你们想听实话吗？

生：（异口同声）想！

师：我印象最深的一件“糗事”是……

（学生个个端坐，留心细听）

师：那时我还没上学，我们小时候几乎没什么零食吃，所以有时嘴巴会犯馋。一次，我和哥哥商量着偷吃外婆家杨梅酒中的杨梅，两人一拍即合，他爬上去捞杨梅，我望风。那杨梅浸过酒，很辣，但我们俩还是吃得有滋有味，结果因为吃多了，有些醉意，居然趴在凳子上睡着了，被外婆抓了个现行。

（全班沉默，然后突然爆发出一阵笑声和掌声）

上述第二个案例中，学生突然冒出的那句话虽然比较意外，却被教师自然而然地点化为情境资源。教师用恳切的言语诠释了诚信的内涵，将诚信的种子播撒到孩子们的心田中，不但让当下走向了深刻，更重要的是，能让学生有朝一日开出一些令人意想不到的“诚信之花”。

“感人心者，莫先乎情，莫始乎言”，有意味的言说追求的是“约而达，微而臧，罕譬而喻”的境界，这有赖于教师自身底蕴的广度和深度。换言之，有意味的言说需要教师胸藏千秋腹有底蕴，它那显性的精练在很大程度上必须靠隐性的丰富来支撑。这样的言说才能煦若春风、清如秋水，虽不能毕其功于一役，但可以让学生感觉到“眼前时有月到风来”，从而见证质与美的流淌。

第二辑 | 不走寻常路

有七个人共处，每餐共享一锅粥。因人多粥少，需要制定一套合理的制度以公平分粥。

第一种方案，他们通过抓阄定出一个人来分粥。但很快发现，谁主持分粥谁就给自己分得最多。

第二种方案，他们推选出一个品德尚属上乘的人来分粥。开始，这个人果真能公平分粥，但没过多久，他就开始为自己及身边那些溜须拍马的人分得越来越多。

第三种方案，大家轮流主持分粥，每人一天，一周刚好一轮。但事实却是，每个人在一周里只有一天能吃饱，那就是他本人主持分粥的那一天。

第四种方案，他们组建了一个分粥委员会和一个监督委员会，形成监督和制约机制。可是由于监督委员会常提出多种议案，分粥委员会又据理力争，最后大家相互扯皮，效率低下。

第五种方案，是在第三种方案的基础上附加了一个要求，那就是谁主持分粥谁就最后一个去领。这只是一个小小的改进，但效果却截然不同。在这个制度下，七碗粥几乎一样多，因为每个主持分粥的人都意识到，如有不均，他本人无疑将享用那最少的一碗。

此后，七个人彼此和气，其乐融融。

如老子所言，“大制不割”，第五种分粥制度一来有效解决了现实问题即如何公平分粥，二来使团队无形中形成了和谐的氛围。

从中我们也发现，有些事情的结果之所以会有天壤之别，只是因为多走了看似不起眼的一步。其实，这也是充满智慧的一步，并最终起到了质变的作用。

布置一份值得用一生去完成的作业

我们的作业，多停留于智育的考察，而忽视了其他诸如德育、体育和美育等方面的培育，为着学习任务而布置，着力于提高成绩，待学生毕业，这些作业也就戛然而止，宣告终结。假如我们的学生能在他们受教育的阶段，得到一份值得用一生去完成的作业，即便他们将来告别校园，也愿意继续完成，那么这样的作业便会具有“生长”的力量，将不停留于当下的某时某刻，而着意于一生的时时刻刻。

为此，我精心设计了一份作业，立足日常，又着意长远；既是给学生布置的，同时也是给自己要求的。其中阅读、体育锻炼等内容可以在日常进行；看电影、参观博物馆、走进大自然、学做菜等可以在周末进行以增加生活的乐趣；开启一段旅行、参加公益活动、体验人生百态等适合在长假进行；了解家乡的风土人情、备置年货、走亲访友等在寒假过年时最适合不过；想想30年后的自己、培养兴趣、长期帮助一个人、深入了解一个人等则可以在人生的时时处处进行。这些作业，师生可根据内容和时间在QQ群、微信群或班级内交流心得和收获，在碰撞中汲取他人的经验和智慧，持续地丰富自己。

以下便是我们的作业清单。

一、做一名读者——读万卷书，读书养气

1. 读有厚重感的书

三年下来至少读50本书，涉及6个以上领域，并写读后感（可以是诗歌、小说、歌词等形式），使之成为一种习惯，甚至是一种生活方式。

推荐书目:《我年轻时的朋友》《八月的星期天》《我还是想你，妈妈》《你一定爱读的极简欧洲史》《历史的教训》《全球通史：从史前史到 21 世纪》《数学家的眼光 —— 张景中院士献给中学生的礼物》《苏菲的世界》《科学的旅程》《俗世奇人》《追风筝的人》《瓦尔登湖》《何为良好生活：行之于途而应于心》《地图的发现》《科学是美丽的》《寂静的春天》……

郑老师的话：书籍是活着的声音，读书不但医愚，还能医俗，能滋养出精神上的万千气象。福楼拜说，“阅读是为了活着”，其实这话反过来说也成立，“活着是为了阅读”。阅读，是一个家族最久远的传承，“忠厚传家远，诗书继世长”。

2. 看有质地的电影

试着写影评，并学习他人的优秀影评，这样能提高自己的欣赏力和理解力；如果有兴趣，还可以为一些经典电影片段配音。这些都是有趣而有意义的事。

推荐电影:《剪刀手爱德华》《海上钢琴师》《死亡诗社》《肖申克的救赎》《贫民窟的百万富翁》《阿甘正传》《可可西里》《勇敢的心》《洛奇》《美丽人生》《美丽心灵》《喜剧之王》……

郑老师的话：电影既是艺术，也是生活。好的电影是对人的生命行为的一种叙述和反思。看电影，也是一种经历不同人生的过程，你既可以作为一个局外人去观看他人的生活，也可以站在另一个角度审视自己的生活，从而活得更清醒、更深刻。

3. 参观博物馆

事先搜集资料，事后进行梳理，可以通过课件的形式，讲述自己的发现和理解。

郑老师的话：博物馆中的收藏是人类生存、发展的物证，盛纳着文化的血脉。许多国家都把博物馆喻为“人类的良心”。走进博物馆，你还可以领略艺术之美，提升品位。一个人看美好的东西多了，才不容易被次好的、不美好的东西所蒙蔽。

二、做一名行者——行万里路，无远弗届

1. 开启一段旅行

约上亲朋好友，或独自一人，开启一段旅行，将所见所闻拍成照片、视频，制作成课件，并写下游记，讲述其中的故事，让那一段时光变得清晰且有意义。

郑老师的话：美的踪迹需要在广大的天地里去寻求，诚如王羲之在《兰亭序》里所说，“仰观宇宙之大，俯察品类之盛，所以游目骋怀，足以极视听之娱，信可乐也”。

2. 反哺家乡

走访家乡的老人，或是听长辈讲故事，了解家乡的风土人情，比如对联、饮食、建筑、习俗等，拍下照片、视频，制作成课件；或为家乡写一段导游词；如果能为家乡建设献计献策，那就更棒了！

郑老师的话：家乡是一个人的精神源头，那里有我们最亲的人，因此，反哺家乡体现了一个人最深的“乡情”。一个有着“乡愁”的人，必定是一个恪守本分、懂得感恩的人。

3. 走进大自然

可以是玩泥巴、播种、采野花、抓蚂蚱、放风筝、骑单车、看日出、

将毛毛虫蜕变成蝴蝶的过程拍下来……

郑老师的话：大自然是一切美的源泉，是一切艺术的范本。它可以培育起我们敏感的性灵，诚如诗人华兹华斯所说，“一朵微小的花对于我可以唤起不能用眼泪表达出的那样深的思想”。

三、做一名学习者——学而不止，高而愈下

1. 深度学习一个人

选择一个人（可以是历史人物也可以是现实生活中的人），长期与他保持联系，或长期对他进行研究，深度了解他的经历和生活。

郑老师的话：书分两种，一种是有字之书，一种是无字之书。世界上发生的一切、个人生命中遇见的师友，都是宝贵的无字“活书”。与一个人保持长久的乃至永久的联系，既能使彼此在情感上相互丰富、相互滋养，也能使我们从中获得人生的智慧启迪，从而不断丰盈自己。

2. 学习做菜

学做地道的菜，三年下来至少是六道，或请教或自创，并拍下全过程。在回看时，你可能会发现你不只创造了舌尖上的美味，还创造了生活上的美学，以及与亲人之间的情味。

郑老师的话：古人借饮食明治国，如伊尹的“调和五味”“以鼎调羹”，老子的“治大国若烹小鲜”；今人则用《舌尖上的中国》展示中华饮食文化的积淀与传承。“吃”不止是为了满足口腹之欲，更是为了传递生活仪式、伦理、趣味等文化信息。烹调讲究的是色香味俱全，这就是一种生活美学。孩儿们，生活若是离开了审美，世界将变得枯燥而乏味！

3. 学习经营生活

主动与家人一起备置年货，学习待人接物、走亲访友，或是学点儿家乡话、拍几张全家福，增加一点儿家乡情怀。

郑老师的话：我们不是幸福家庭的旁观者和享受者，而是参与者和建设者。有我参与的时光，家的味道会更醇，年的味道会更浓。

四、做一名创作者——戛戛独造，别出心裁

1. 想想 30 年后的自己

假设 30 年后你达到了事业的顶峰，你能想象出自己最成功的模样吗？你会得到怎样的待遇（比如头像被印在钱币上、国家为你发行一枚邮票）？你会如何对待他人、对待社会？创作故事，书写自己的奋斗史。

郑老师的话：人生没有彩排，但可以在我们的脑海里预演。预演是对自己当下生活的一种审视。苏格拉底曾说，未经审视的生活不值得度过。预演也是对自己未来人生的设想，是为自己插上隐形的翅膀。

2. 动手进行小制作

比如科技小发明、工艺小制作、艺术小创作……

郑老师的话：雨伞、火柴、纽扣、水壶、橡皮筋、铅笔、橡皮、回形针……这些都是我们熟视无睹的东西，但它们都是英国《独立报》评选出的 101 项改变世界的小发明。这个世界很平凡，你的一点点小创意，或许就能改变这个世界。

3. 挑战不可能

做一件自己从不敢做或是从未做过的事，看看能不能创造出惊喜和惊奇。

郑老师的话：挑战不可能，把不可能变为可能，便成就了一段属于自己的传奇。凡人如我们，也可以有不凡的瞬间，也能印证人生的美好。

五、做一名实践者——为者常成，行者常至

1. 参加公益活动

做义工，或长期帮助一个需要帮助的人。在这个过程中，如果你需要帮助或者觉得应该发挥更大的力量，你可以动员更多的同学参与。

郑老师的话：爱出者爱返，福往者福来。帮助别人，意味着你有能力；帮助别人，既能提升他人的生活质量，也能提升你自己的生命质量。

2. 体验人生百态

比如到街上看小贩谋生；自己购买火车票，体验城市务工者的返乡路……记下你所看到的、所听到的、所感受到的，并与同学交流。

郑老师的话：世上有种温柔却有力量的东西，那就是悲悯。悲悯，是对自身、对人类、对万物所具有的关怀与体贴。它根植于纯洁、善良的内心，并将在内心这方净土上开出世间最美的花。

3. 坚持体育锻炼

每天进行体育锻炼，并培养一项体育爱好。这不仅是为了体育中考，也不仅是为了特长生保送，而是为了养成一种健康的生活方式，让你收获一个更好的自己。

郑老师的话：我们的《做博雅学子》第十二条就是“爱上图书馆和运动场”，前者可以帮助你提升精神颜值，后者可以帮助你提升外在形象，质于内而精于外，内外皆修，才是真正的雅。

4. 培养一些兴趣

培养至少一项兴趣，以帮助自己过上自足的闲暇生活，自得其乐。

郑老师的话：兴趣爱好是一个人生活质量高低的最重要的参数，甚至工作质量也往往由一个人的爱好决定。汪曾祺说：“一定要，爱着点什么。”健康的兴趣爱好，能自成一个世界，能让人自在自足，哪怕只身一人，也不会孤单。

以刚刚毕业的这一届学生为例，三年下来，这项作业收效不俗。看得见的成效有：

越来越多的学生养成了阅读的习惯，并经常相约结伴去书店、电影院或博物馆，也有些同学经常去音乐厅；学生们每个节气都会走进校园，拍摄和记录时空坐标点上的校园，并在植树节那天种上三株木槿，使自己对母校的记忆有一个具体的落点；有的学生学会了做20多道地道的杭帮菜，他们甚至学会了制作生日蛋糕；有的学生选择了说走就走的骑行，比如高千皓和束宇辰同学每次考试一结束就相约去骑行，在杭州周边骑行、环千岛湖骑行，他们说下一个目标是川藏骑行；学生们还热衷社会实践，几个保送生刚被保送成功，就马上参加了杭州市的社会实践活动……

回看这份作业时，孩子们感叹，他们虽然无法改变生命中每一个日子的长度，但可以增加它们的宽度、温度和弹性。他们说，自己没有辜负，也没有虚度当下，而是从中获得了经验和愉悦，并化为自己继续前进的动力。

而我，又何尝不是收获了一个更好的自己！仅就“参加公益活动”这项作业而言，我就数十次去贵州、新疆等地，为山区或农村学校做公益讲座，并受邀拍摄杭州市“廉洁好家风”等公益广告，带着青年教师一起成长，尽己所能惠及更多的人，同时为学生树立一个实践者的榜样。

读者朋友或许已经发现，这份作业的最终目的，是帮助孩子建立起自己与他人、与社会、与自然的关系，一步一步拓展出一个更辽阔的世界。我们有理由相信，这样成长起来的孩子，未来会走得更远，也会拥有更多的可能性。

班徽是一件“狄德罗睡袍”

多年前的一个煦暖冬日，在淡妆浓抹总相宜的西子湖畔，我们带上三岁的儿子，一家人在茶馆的临窗位置落座，一览潋滟的水光和空蒙的山色。儿子欢喜得不行，一会儿攀爬高凳，一会儿高声叫嚷，一会儿东奔西跑。怕他不见踪影，我只好像个贴身保镖那样时时跟随，并不停地告诉他不可高声叫嚷以免吵扰到他人，不可跑太快以免撞到人，不可跑远以免被坏人带走……可任我苦口婆心，依然不见成效，真是疲惫至极，远远背离了出来休闲一番的初衷。

可另一次，我们去香格里拉酒店吃自助餐，儿子却表现得颇遂我愿。在轻柔舒缓的音乐中，儿子就着柔和的灯光，乖乖地坐在宝宝椅上，小声问我为什么会有刀刀和叉叉，想吃东西时也总是轻声告诉我：“妈妈，我还想吃点菠萝淋巧克力浆……”表现得相当绅士，相当有修养，跟之前在茶馆的表现简直判若两人。

细细想来，这其实跟当时所处的环境有关。茶馆里，充斥着打牌声、嗑瓜子声、呼喊声……这一切，使人如同置身闹市，于是儿子也表现得很随性。而在香格里拉酒店，那份优雅与舒缓无形中感染了儿子，于是儿子也在无意间让自己的表现与当时的环境相“配套”。

由此不由想到了“狄德罗效应”：有朋友送给狄德罗一件质地精良、做工考究、图案高雅的睡袍，狄德罗非常喜欢。可当他穿着这件华贵的睡袍时，总觉得家具的风格不对，质地也粗糙，甚至觉得地毯的针脚太粗。于是为了与那件高品质睡袍相配套，他先后更新了一系列家具，从而让整个书房看起来焕然一新，这就是“配套效应”。也就是说我们在拥有一件新物品后，会不断配置与其相适应的物品，从而达到心理上的平衡。推而广之，当我们处在一个优雅的环境中时，会自觉调节自身的行为，以与当时的环境相适应，从而达到塑造良好自我形象的心理期待。

班级何尝不是如此？如果班级呈现的是向上、温馨、富有文化气息的氛围，那么身处其中的学生也会相应表现得积极、健康和阳光，以与整体环境相“配套”。因此，想要引起学生的积极变化，首先要为班级定制一件高品位的“睡袍”，进而激发学生“自我粘贴”这一高品质标签，并按标签所描述的形象去塑造自己。在班级文化中，班徽无疑就是这样一件应该精心制作的“睡袍”，能对班级建设起到画龙点睛的作用。

我组织班级同学讨论，最后大家为自己设定的成长目标是“做一个有趣、有品、有情、有思想的博雅学子”，并将“大气成就大器”“眼界决定境界”“作品就是自己”“自律方得自由”作为自己的行为准则，张贴于教室。如何让这种抽象的精神内涵以可感的形式表现出来？班徽无疑是最佳载体。

设计班徽需要集全班同学的智慧，于是我给每位同学分发了一张便笺纸。他们个个冥思苦想，又是上网找灵感，又是发动父母“找外援”，都希望自己的作品能成为班徽，因为那对他们来说将是一种莫大的荣耀。

第二天，我将全部作品张贴在后墙黑板上，课间供大家一一评点。那真是一道独特的风景。其中虽然没有特别出众的，但都各具亮点，都富有“创新元素”。但既然是班徽，那就得体现班级的整体内涵和追求，而不能局限于点滴和局部。于是我们决定从星星点点的创新颗粒中寻找可能，重新组合并将其升华，尤其注重“音”“形”“意”的结合。

“音”指班徽要体现班级的独特性，尤其是班级序号；“形”指班徽的图案要精美，简洁大气，形简意赅；“意”指班徽的内涵要丰富，意蕴深远，回味绵长。

就这样，经过多次讨论、修改、润色，我们终于得到了以下成果。（注：我当时同时担任两个班的班主任）

091 班班徽的内涵：由 0、9、1 三个数字幻化而成，代表“2009 级（1）班”；整体是一个“心”形，象征爱心、团结，又像英文字母“V”，象征信心、信念；左半边呈蓝色，代表博大的胸怀，右半边呈红色，代表阳光的形象和心态；左半边为冷色，代表“静”，右半边为暖色，代表

“动”，整体表示动静兼宜（见图一）。

092 班班徽的内涵：由 0、9、2 三个数字幻化而成，代表“2009 级（2）班”；上半部分图案为抽象的太阳，象征阳光的形象和积极的心态，下半部分图案为抽象的大海，象征博大的胸怀和远大的志向，中间部分图案为跳跃的浪花，象征青春的活力和思想的灵动；上半部分为暖色，代表“动”，下半部分为冷色，代表“静”，整体表示动静兼宜（见图二）。

图一

图二

这两个班徽图案都形象地体现了班级的整体追求。我们将班徽制作成 50cm × 50cm 的 PVC 板，悬挂于教室黑板的正上方，时时提醒并激励自己。

就这样，这个班徽成了班级的第一件高品质“睡袍”。

换一种方式定班规

叫嚷声、呼喊声、打闹声不绝于耳，如同闹市集会，这就是我接手的小学六年级学生的状态，他们让我着实体验了一把小学生的火热情怀。他们哪有文明讲话的习惯，个个都是扯着嗓门高声尖叫，嗓音稚嫩，分贝却奇高。

更让我苦恼的是，他们是第一届搬到中学部来的学生，可能是出于“怀旧”，每每一下课他们就飞也似的跑回小学部操场。那操场距离班级教室有 200 多米远，而且他们并不是听到上课铃响就往回跑，而是继续打闹一番后才罢休。为了不让任课教师久等，我只好天天在临近上课时，急速跑过去，高声叫喊外加大幅度手势，才把他们“赶”回教室。让人头疼的是，即便我亲临现场，他们也总是一路打闹地回教室。

他们很开心，我却哭笑不得。试想，要是每节课都如此，我又如何吃得消？更何况我有时还要外出学习、讲课，我一外出就没人去“赶”，一没人“赶”他们就撒野。

我寻思着怎样才能不让他们往小学部跑。于是开始“忽悠”：“同学们，你们现在在初中部上课，这说明你们已经是初中生了。”“不是，我们是六年级，是小学生。”“错，你们是初中预备班，是准初中生，是 0.5 个初中生，四舍五入，就是初中生。”

小鬼们被我的诡辩弄晕了，理不清其中的头绪，只觉得我说得很有道理，于是个个端坐，神情开始郑重起来。

“既然是初中生，就不可以抢小学生的地盘。”

他们纷纷点头应允。初战告捷。

新问题又来了。小家伙们明明听到了铃声，却还在楼上楼下地兜圈，一人前头跑，一群后头追，不亦乐乎。等他们气喘吁吁地回到教室，铃声早已完毕。我只觉得又好气又好笑，为了表明对这种行为的否定立场，我每次都带着严肃的表情出现在教室门口。小家伙们看我表情严肃，怯怯地说：“老师，对不起，铃声没听见。”见他们这般模样，我批评不是，不批评也不是。慢慢地，这一幕成了寻常景象，任你再三强调“做好课前准备”，他们就是不听。于是我只得每节课前都扯着嗓门吼“快回教室，准备好学习用品”。不提高音量，还真盖不住他们的声音。

我请教经验丰富的小学教师，如何让小鬼们在第一时间就回教室。一位老教师传授秘诀：背古诗。对，背古诗，于是我在班级里风风火火地倡导背古诗。初期效果不错。可没过多久，问题再次显现。起初科代表劲头十足，总是事先决定好背哪首古诗，可随着时间的推移，他们的激情慢慢消退，要等到铃声响起之后才急忙翻书寻找。课前准备再度陷入混乱。怎么办?

后来我想，既然古诗的韵律能起到调控节奏的作用，那么，我能否编制一些顺口溜，从而既具有古诗的韵律感，又能减少科代表临时翻找古诗的痛苦？于是我自编顺口溜一首：“预备铃响准备好，学习用品不能少。积极发言勤思考，遵守纪律最重要！”学生们一片叫好。借此机会，我又对他们提出具体要求：“铃响的一刹那，科代表高声起口令，全班同学一起高声背诵。第一句话结束，得回到自己的位置上；第二句话结束，得把所有的学习用品在桌子上摆放好；第三句话结束，给自己一个积极的心理暗示；第四句话话音一落，得端坐完毕。”

事情就这样悄悄起了变化：之前，铃响后学生们还在满地跑；现在，铃声还没响，他们便已回到教室等待，等待背诵那首顺口溜。科代表更是神气，铃声一响就扯开嗓门起号令，全班同学跟着雄赳赳、气昂昂、声势浩大、气势恢宏地背诵起来，个个背得青筋暴起、唾沫横飞。而其他班级的学生在我们的感染下，也都自觉不自觉地回到教室。科任教师看着小家伙们惊天动地地背诵，最后果断地收尾，让他们得以在第一时间进入授课状态，自是满心欢喜。

我由此大受启发，心想别的规则是否也可以用这种方式来制订？于是我精心设计了一堂班会课《规则之美》（班会课设计见文末附）。在班会课上，我让学生讨论在校需要遵守哪些方面的规则，最终确定了包括进校、集会、上课、做操、作业、课间、仪表、交往、礼仪、考试、用餐、值周等十二个方面。然后四人一小组，每小组认领两方面内容讨论具体细则，每个组员都参与其中。我还不失时机地加以引导：如果能把每条规则的相关注意事项列完整，那就很不错了；如果能把相关注意事项总结成四句话，那就更了不起了；如果这四句话都是七个字，那你就是诗人了；如果还能押韵，那你就是大文豪了。学生们一时兴趣盎然，有的回家后上网查询资料，有的动员家长参加。作品交上来之后，我一一认真翻阅，把要点集中起来。此后又组织了四堂班会课，逐条加以完善，最终确定了以下班规。

学子形象

1．进校：按时到校不迟到，师生见面勤问好；
　　　　校徽领巾佩戴好，规范入校要记牢。

2．集会：集会排队快静齐，秩序井然不拥挤；
　　　　唱响国歌要肃立，国旗升起要敬礼。

3．做操：铃声一响排好队，按时到场有秩序；
　　　　动作认真做到位，两操规范尽领会。

4．上课：预备铃响准备好，学习用品不能少；
　　　　积极发言勤思考，遵守纪律最重要。

5．作业：自己作业独立做，抄袭他人真不好；
　　　　及时完成按时交，保质保量效率高。

6．课间：不追逐来不打闹，脚步轻轻不抢道；
　　　　上下楼梯不跑跳，文明休息不喧闹。

7．仪表：不染不披长头发，不染不留长指甲；
　　　　不戴首饰和挂件，穿戴整洁又大方。

8．交往：同学友谊要珍惜，诚实守信须做到；
　　　　不给同学起绰号，相互尊重有礼貌。

9．礼仪：不说粗话和脏话，不能骂人和打架；
待人接物礼在前，文明礼貌让字先。
10．值周：按时到岗不迟到，劳动用品摆放好；
注重细节勤检查，奋勇争先人人夸。
11．考试：不抄袭来不作弊，字迹工整写端正；
争做诚实守信人，诚信班级靠大家。
12．用餐：排队盛饭有秩序，剩菜剩饭不乱倒；
爱惜粮食不挑剔，吃完餐具放整齐。

顺便说一点，我们拒绝用“班规”这个词，而是用“学子形象”，虽然只是几字之差，感觉却截然不同。“班规”二字让人有被约束之感，而“学子形象”则能很好地激励学生塑造良好的自身形象。按照马斯洛需求层次理论，这是“自我实现”的需求，境界不可同日而语。

这样的班规，你还会觉得冷冰冰吗？不过，这只是第一步，接下去，我们将朝着“没有制度的有序”这一终极目标稳步迈进。

附 《规则之美》班会课设计

一、设计思路

课堂贯穿两条线：明线是让学生“感受规则 —— 遵守规则 —— 制定规则”，暗线是让学生“发现规则的美 —— 感受规则的美 —— 上升为自身行为的美”，并最终让学生意识到“规则既是一种约束，更是一种保护”，从而树立规则意识。

二、活动目标

感受生活中处处有规则；能辩证地分析生活中关于规则的正反事例；反思生活中不遵守规则的现象并能挖掘其背后的成因；树立规则意识，并自觉付诸行动，按规则做事。

三、活动准备

1. 确定主持人：班主任（本堂班会课对临场调控能力的要求很高，再加上学生入学才不久，所以由班主任来主持，这样做也是为日后学生主持班会课提供示范）。

2. 准备多媒体课件、纸张。

四、过程

[出示] 数字：15165564342312

[设疑] 你们看到了什么？

（学生观察并描述）

[出示] 数字：11556654433221

[设疑] 你们又看到了什么？

（学生观察并描述）

[出示] 乐谱：| 11 | 55 | 66 | 5– | 44 | 33 | 22 | 1– |

[设疑] 你们还看到了什么？

（学生观察并描述）

[归纳] 这三组数字都是由完全相同的数字组成的，不同的是每次多了一条规则，但正是因为有了这条规则，这些数字才从杂乱走向有序，从有序走向优美。可见，规则是一种美，一种节奏之美。今天就让我们一起走进这个主题——“规则之美”吧！

（设计意图：“知之者不如好之者，好之者不如乐之者”，观察与想象

是一种学生喜闻乐见的思考形式，对一组数字进行创造性发挥，旨在于课堂之初就让学生进入愉悦的情绪状态，为整个课堂创造一个良好的开端)

1．感受规则

[叙述] 规则是一种美，这种美体现在生活的方方面面，比如说下棋。你们下过中国象棋吗？你们知道象棋里面有哪些棋子吗？这些棋子都是怎么走的？

(学生根据自身情况描述)

[设疑] 正所谓“棋有棋路”，这些棋子的走法就是象棋的规则，可这些规则定得这么死，是否限制了棋手水平的发挥？

(学生讨论作答)

[归纳] 恰恰相反，只有在公平的环境里才能保障棋手水平的发挥，而公平需要规则来保障。

[承转] 不只下棋需要规则，生活中处处都需要规则，比如我们每天在上学的路上，就需要遵守交通规则。试想，如果大家都不遵守规则，可能会出现什么现象？为什么会造成这种现象？这会带来什么后果？

(学生根据问题层层深入思考)

[设疑] 同学们猜猜，我国去年有多少人死于交通事故？造成的直接财产损失有多少？

(学生饶有兴趣地猜想，教师出示数据)

[归纳] 这就是漠视规则付出的代价，甚至是生命的代价。

[承转] 你们理想中的交通状况是怎样的？怎样才能实现这种状况？

(学生思考并作答)

[归纳] 如果人人都遵守交通规则，道路就可以顺畅，人们就可以享受更多的通行自由。就整个社会生活而言，如果人人都遵守规则，我们就可以享受更多规则范围内的自由了。

(设计意图：通过再现生活画面，增强学生的认同感，同时让他们回归生活，激发他们去寻微探幽，在“知”的台阶上再进一步)

2．遵守规则

[设疑] 过马路时，如果前方亮的是红灯，但车子离你还比较远，你通常是怎样做的？

（学生实话实说，大多坦言闯过红灯。归纳起来，闯红灯主要出于以下几种心理：一是认为“我是安全的”，于是“勇敢”地闯了红灯；二是认为“我有急事”，于是分秒必争，闯了红灯；三是本来打算等绿灯亮了再走，结果发现有人闯红灯了，于是也跟着闯。教师板书以上闯红灯心理。）

[设疑] 现在让我们以旁观者的身份来看待以上心理，此刻，你又持什么观点？

（学生由开始的实话实说变为冷静思考，教师引导归纳）

[归纳] 第一种想法是一种侥幸心理，殊不知大多数事故之所以发生，都是因为当事人事前存在着侥幸心理。同时这种行为还会带动他人破坏规则，如果人人都破坏规则，那规则就形同虚设，等于没有规则。

第二种心理，时间宝贵、争分夺秒固然没错，但如果跟红灯争分夺秒，那就是拿生命当赌注。我们完全可以通过别的方式争分夺秒，比如提早一点儿出发。

第三种心理，这是盲目从众、随大流的表现，缺乏自己的主见。遵守规则，应该从自我做起。

[设疑] 一定要等绿灯亮了再走，是不是很傻、很刻板？请四人一小组讨论。

（学生讨论后作答）

[归纳] 遵守规则有时需要一种“傻”劲。虽然我们无法阻拦那些执意要闯红灯的人，但如果我们坚定地站在那里，用自己的行为塑造一种美的形象，那些人说不定也会停住脚步。用自己的行为去改变别人，这就是一种成功，我们有理由为之感到自豪。如果你已经做到了这一点，请继续保持这种美的形象；如果你还没有做到，不妨试着去做一下，相信你会体验到一种成就感。

[设疑] 再比如，你到超市去买东西，选好东西后，你会怎样做？

（学生实话实说）

[承转] 可有时我们会碰到这样一种情况：已经排队等了很久，结果发现自己还必须买另一样东西，此时你通常会怎样做？

（学生实话实说并说明理由，比较多的是想尽各种办法占位置，比如拿个篮子或叫其他认识的人帮忙排队）

[设疑] 那占位置好不好？是不是可以节省时间？

（学生反驳）

[归纳] 这种做法节省的是自己的时间，却浪费了别人的时间。遵守规则有条底线，那就是不能妨碍他人。每个人都必须为自己的疏忽付出代价，这既是对规则的重视，也是对自己行为的负责。

[展示] 社会上一些不和谐现象的漫画。

[承转] 可我们身边总有一些不和谐的现象，就像这些漫画中的人物，他们为自己找的理由是“不拘小节”。那么，你是如何看待这种“不拘小节”的？反思自己，观察身边，还有哪些类似的不和谐现象在上演？这些现象会带来哪些不良影响？

（学生根据问题层层推进思考）

（设计意图：这一环节为学生创设了一个展示自我的平台，而学生的出色表现，再次说明教师不仅是“传道、授业、解惑”者，更是学习的组织者、引导者和合作者）

[升华] 只有人人都遵守规则，我们的生活才是自由而和谐的，所以我们都应做一个遵守规则的人。

3．制定规则

[承转] 遵守规则的前提是要有规则，比如遵守交通规则，前提是要有红绿灯。作为学生，我们在学校又该遵守哪些方面的规则？

（学生讨论，并一一补充）

[归纳] 在学校，我们必须遵守进校、集会、上课、做操、作业、课间、仪表、礼仪、考试、用餐、值周等方面的规则。

[活动] 四人一小组，每小组认领两方面内容，要求每个组员都参与

规则的制订。

（学生兴趣盎然地制订规则）

（设计意图：教师趁热打铁，让学生知行结合，不仅在课堂上学到关于规则的知识，更重要的是将这些知识运用到生活中去，从而既拓展了教学时空，又引导了学生将“异我之物”变成“自我之物”）

4．结束语

［陈述］规则，就像悬崖边上的栏杆，不只是一种约束，更是一种保护。

收作业也要讲究技术含量

带班之初，我与大部分班主任一样，要求学生将作业本交到科代表处，本以为只要科代表各司其职，便能一切顺利，可事实却并非如此。

首先，早上到校，有的学生来得早，有的学生来得迟，于是个别“不法分子”便利用这个时间差或补作业、或抄作业。其次，由于科代表分坐在不同的组里，同学们交作业时需要满教室地跑，个别马大哈还常常漏交，只好又跑一趟去补交，不仅浪费了自己的时间，也干扰了他人早读。再者，科代表每天的早读时间基本泡汤，因为他们的时间和精力都花费在了收理作业上，根本无暇自顾。于是，早读时间就在这样一片乱糟糟、闹哄哄的氛围中流失，不免让人为之叹息。

“破窗理论”在这里得到了印证：一扇窗户被打破后，如果没有及时得到修补，隔不久，其他的窗户也会莫名其妙地被打破；一面墙出现了一些涂鸦，如果没有被及时清洗掉，很快，墙上就会布满乱七八糟的东西；在一个洁净的地方，人们不好意思丢垃圾，但一旦地上出现了垃圾，人们就会无所顾忌地丢弃物品，丝毫不觉得羞愧。早读也一样，如果交作业时杂乱无序，学生就会相应变得散漫起来。于是交作业便成了影响早读效率的第一扇“被打破的窗户”。可以说，早读是一天学习中的第一个调子，这个调子定歪了，学生后续的学习便很难进入状态。

问题是怎样才能有效阻止这一“破窗现象”？经全班讨论，我们决定重新调整岗位，语文、数学、英语、科学、体育等学科各设两名科代表，一名负责组织早读，一名负责收理作业。（体育学科是一名负责带队，一名准备器材）借此，我还给人人厌弃的“最后一排”座位赋予了特殊的含义：不是谁都有资格坐这一排的，只有那些个子高、视力好、富有责任心、最好是科代表的同学，才可以坐在最后一排。如此一来，大家都对最后一排心生向往。就这样，负责收理作业的科代表神气地坐在了最后一排。

然后我根据就近原则（从楼梯上来就是班级的后门），安排全班同学都从后门进，交完作业后方可回自己的座位，凡未及时上交的就当未完成。对此，有学生不无忧虑地说：“有时我确实完成作业了，只是忘了交而已，这样就算我未做岂不是太冤了？还是让科代表来提醒吧！”我反问：“如果大家都依赖科代表的提醒，那岂不都要养成被动交作业的习惯？”全班同学认为，从长远来看，确实如此，于是同意了这一方案。可如何才能做到不忘交作业？有同学提议，头一天晚上临睡前将所有需上交的作业统一放在一个文件袋里，这样就不会忘了交，而且上交的速度可以更快。这提议真好，全班同学齐刷刷地赞成。

此后，早读的面貌大大改观：不仅学生补作业或抄作业的现象大幅减少，而且他们交作业的速度也大大提高，不致拥堵一处。同时，早读氛围改善了不少，班里早读变得井然有序。

但还有一个问题尚未得到解决，那就是如何帮助科代表省时、高效地整理作业，还他们的早读时间。

最后我们采用了这样的方法：用红蓝标签和红蓝笔搭配出四种组合——蓝框红字、红框红字、蓝框蓝字、红框蓝字，每种组合对应一个大组，并从1开始编号，规定每组第一排左边同学的序号为1，第一排右边同学的序号为2，第二排左边同学的序号为3，第二排右边同学的序号为4……依此类推（见图一）。这样，科代表只需根据标签即可分出四大组，然后只需核对编号即可查出未交作业者，几秒钟便可搞定，大大提高了效率。

粘作业标签还有一个好处。时下许多教辅资料封面极为光滑，难以在上面书写名字，于是同学们总是“不拘一格”地开辟写名字的地方。这使得科代表和科任教师查找名字时颇为费力。而采用标签法，学生就可将名字统一写在标签处（见图二），这样，查找起来就极为方便。

在这一过程中，我们还坚持自我诚信和外在监督相结合的原则。我们在学习委员处放了一个本子，未交作业的同学自觉登记并注明原因，这是诚信教育的一部分。同时我们还建立了监督机制，科代表随机抽查作业。如果一味让学生自行记录而没有外在监督，就难免会有人浑水摸鱼、投机取巧，从而使诚信教育走向反面。

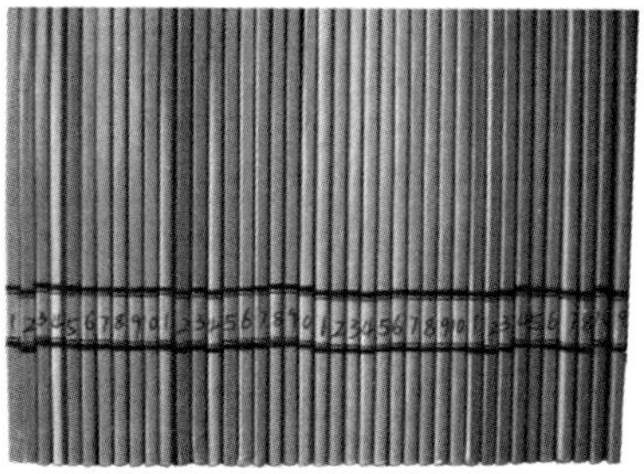

图一

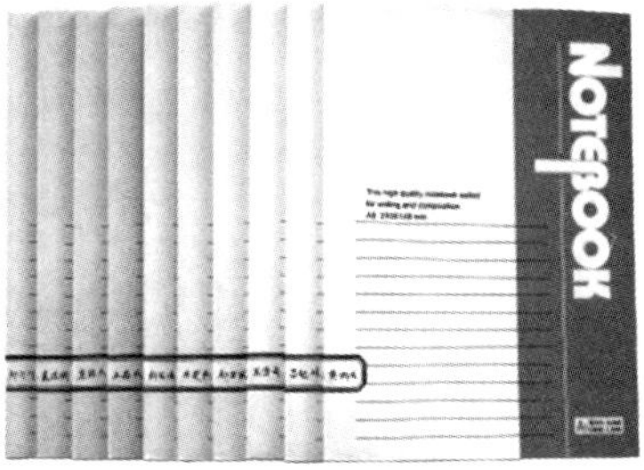

图二

有了上述这些措施，我就可以在第一时间了解作业完成的“量”。可作业完成的“质”又如何了解呢？我的办法是给每位科任教师发一个便笺本，记录当天的作业质量。根据作业质量判断谁是“绩优股”，谁是“潜力股”，谁有待进步，并将结果贴于黑板之上。我看了后自是了然于胸，无须来回奔波于各科任教师之间。

这样的做法，一来培养了学生的诚信和自律，二来切实提高了科代表的时间利用率，三来提高了班级早读的整体效率，四是充分关注了作业的质与量。

君不见，我们班的早读从此开始走向了有序；君不知，我们班的作业质量从此日渐优异。

安排卫生，要公平也要效率

关于搞卫生，我走了一条与“分粥的故事”中主人公一样曲折复杂的路。

上任之初，为了“一劳永逸”，我将班级事务按班级人数做了精心划分，固定一拨人专门负责搞卫生，另一拨人负责其他任务。怕搞卫生的同学有意见，我还特意晓之以理：“付出多的，收获也多；岗位艰苦的，关注度也高。”学生哪个不期待多收获、多被关注？于是降低了对岗位本身的关注度，甚至一度为自己能得到这样一项艰巨的工作而自豪，我也一度为自己这点“忽悠术”而自鸣得意。

于是班级各项事务都能责任到人，而且分工明确、岗位固定。得到我的几番悉心指点之后，各路人马对本职岗位已是驾轻就熟，班级管理成效显著，无须我再劳心费神。

可没过多久，埋怨声四起。因为卫生是需要天天搞的，有些岗位还要求一日三清理（比如扫地、倒垃圾），而另外有些岗位则个把月才轮到一次（比如出板报），或者任务极轻松又没有挨批评的风险（比如领粉笔），再加上我时常疏于反馈他们的劳动成效，这使得原先说的“付出多的，收获也多；岗位艰苦的，关注度也高”没有兑现，从而引发了学生的不平衡心理。更糟糕的是，此举在无形中把学生分成了“劳力者”和“劳心者”，这对他们的成长是极为不利的。

我开始反思。出现这种情况的原因，可能是我“方便管理”的功利心在作怪，这其实是一种粗放型的管理模式，只重效率，不顾公平，是教育的“短视”行为。

于是我重新调整工作岗位。先将卫生工作预留出来，然后将班级其他事务根据学生人数重新进行划分，由学生一一认领，我只需对之进行微调即可。接下来便是安排卫生岗位了。本着“人人参与，一周一组”

的原则，我根据每组人数划分好岗位（有时每组人数并不平均，需灵活处理，如有一组多出一个，我就将卫生委员放在该组，专门负责督促、指导、反馈等工作，而不直接参与搞卫生），然后将学生的姓名及其工作岗位固定下来，制成卫生值周表。这样一来，岗位明确，职责分明，人人参与，机会均等，大伙儿自然不会再有怨言。

可新的问题又来了。我和卫生委员每次检查卫生时，都得时时对照那张卫生值周表才能确定谁的工作出色、谁的工作不到位。再加上那张值周表是根据原始座位编排的，一旦位置有变动，值周成员就分坐于不同的组里，这样一来，若相互间缺少提醒，就常常会有同学忘记搞卫生。这一点在放学后表现得尤为明显，甚至有人以忘记为由逃避搞卫生。可见凭空指望学生的道德自律，是多么的不现实。看来这招虽然做到了公平，却丢掉了效率。

我不禁想起了“分粥的故事”，在那个故事里，第五种办法虽然只比第三种办法多走了一步，但这一步却是智慧的、关键的一步，效果截然不同，以致形成了不同的团队风气。我苦苦思索，我的关键的一步到底在哪儿？怎样才能兼顾效率与公平？既然第二种制度只因位置变动而引出负效，那么关键的一步应该就在这里：要么不动位置，要么根据位置编排岗位。前者显然不现实，于是我寻思从后者入手，最终决定本着“人人参与、一周一组，定座位不定人”的原则重新安排岗位，具体如下。

2009 级（1）班值周表

左一：扫教室、走廊	右一：拖教室、走廊
左二：擦黑板，理讲台	右二：擦包干区瓷砖
左三：扫包干区	右三：拖包干区
左四：擦东面窗户、窗台、瓷砖	右四：擦西面窗户、窗台、瓷砖
左五：擦门和开关，倒垃圾，摆工具	右五：擦灯管、电扇
左六：擦边框、背投、饮水机，掸蜘蛛网	

注意事项：

扫地：做到地面洁净无垃圾，尤其要注意桌脚地带和踢脚线处。

拖地：做到地面洁净无粉尘，拖动拖把时，要压住拖头，不乱甩。

倒垃圾：中午、放学后各倒一次，并将垃圾桶里外清洗干净，其余时间即满即倒。

擦黑板：老师宣布下课后，即刻上前擦干净，中午需水洗。

理讲台：做到台面洁净，无粉笔头和粉笔灰，物品放置整齐，里面也要擦拭干净（电线需在拔掉插座后用干抹布擦拭）。

擦瓷砖：做到各角度查看都很洁净。

擦窗户：做到玻璃洁净，尤其要注意擦拭窗户的凹槽（北面窗户不需擦外窗，以保证安全）。

擦门：门档、门面都需擦拭干净。

擦开关：务必用餐巾纸或干抹布擦拭。

擦边框：务必用餐巾纸或干抹布擦拭，每周一次。

擦背投：背投的背面和底座都需擦拭干净。

擦饮水机：做到擦拭干净，水槽无积水，每天早晨需消毒。

掸蜘蛛网、擦灯管、擦电扇：每周进行一次。

（注：一旦座位有变动，自行调整到新的工作岗位）

如此一来，大扫除也无须另作安排，因为我们的常规卫生工作已胜似大扫除。

此外，我们还固定了清洁工具：鸡毛掸一把、抹布八块、扫把三把、拖把三把、簸箕三只，并分别贴上标签，专位专用。如此一来，既能避免因卫生工具不够而相互争抢或消极怠工的现象，又能培养学生爱护公物的品德。

就这样，简单的制度，“人人参与、一周一组，定座位不定人”，一方面避免了“一竿子打死一船人”，体现了公平；另一方面有利于值周成员间相互提醒，同时方便检查（记住这 11 个岗位并非难事），兼顾了效率。

当然，我们更注重卫生的保持。常常会遇到这样的情况：地上发现有垃圾，可一旦追问起来，同学们或集体沉默，或马上推说是谁谁未打扫干净，而那个谁谁则马上叫屈“我打扫过了，是他们后来扔的”，一脸无辜样。不但卫生工作不如意，还形成了相互推诿的风气。其实，我们若留心观察，便会发现那些垃圾往往是不小心掉落在地上的（也有少部分是学生在做抛物线远投不中时留下的），但若班主任对此置之不理，掉落的垃圾就会与日俱增。针对这种情况，我说：“我们做好保洁，既是对他人劳动成果表示尊重，更是为自己赢得一个整洁大方的学习环境。”同学们纷纷表示赞同。我借机要求值周班长在午饭后及放学前提醒全班同学清理抽屉，以减少后患，效果显著。

久而久之，无须监督，无须催促，无论是清扫还是保洁，同学们都做得相当出色，班级的卫生工作因此显得出类拔萃，我也落得个清闲。除此之外，同学们还自觉不自觉地修炼起自己的言行，以与这整洁的班级面貌相“配套”，于是卫生清洁成了班级的另一件高品质“睡袍”。就这样，我乐得做个省心的“懒”班主任，并把“省”出来的时间用于思考班级更高层次的走向。

由此感慨，身为班主任，我们千万不能拿学生的不自律（比如责怪他们不好好搞卫生，责怪他们乱扔垃圾）当作挡箭牌来替自己的不作为开脱；或是空谈一番并非发自肺腑的“道德期待”，以所谓高深的理论、先进的理念来掩盖自己内心的虚假和行为的无力。

三处着力，让每个岗位都闪光

时常听到班主任发这样的感慨：

“我们班的班委真是不得力，什么事都得我自己来。”

“他们尽做好人，不敢得罪人，最后都是我在做恶人。”

“他们都自己管自己，一点儿都不替班级着想。”

“××同学工作确实很负责，可是同学们都不喜欢他，负责也白搭。”

以上现象，如果追溯其原因，我们会发现它们其实都与不合理的岗位设置、不合理的评选制度以及班主任的指导不力有莫大的关系，因此，如果我们能在以下三个方面着力，班级面貌就会得到改观。

一、合理设置岗位

我曾接手过六年级的两个班（我们是九年一贯制学校），其中有一个很有趣的现象：学生心目中最热门的岗位居然是卫生委员，更让人吃惊的是，其理由居然是“班长不可能天天管别人，卫生委员却可以天天管别人”，原来，岗位不在“位高”，而在“权重”！“管”念如此之重，其背后实际上是“官”念在作祟呀！

那么，繁殖此种观念的土壤是什么？如何让孩子们真正认识到所有岗位都是平等的，没有尊卑之别，只有分工不同？如何帮助他们认识到管别人固然有一种“权重”的成就感，而服从他人的管理也是一种不可或缺的素质？如何让他们意识到真正重要的不是岗位本身，而是在岗位上的付出与收获？

再次想起“分粥的故事”。如果没有合理的制度，同时缺乏言说的魅力，只一味依赖学生的道德自律，要想拥有良好的班级秩序几乎是不可能的。我思虑再三，决定对班级岗位设置做一番改革。

首先，设置“班级代表大会”，简称“班代会”，由一名会长和四名委员组成，负责班级规则、奖惩条例等班级制度规范的起草工作，然后交由全班讨论、修改、补充，并在此基础上，将它们订立成文。

其次，全班同学，连同家长，相约一个时间段讨论，集思广益，齐心协力为班级的岗位设置出谋划策。最终定出的岗位数要多于班级人数，这样才能保证每个人都有机会，才能真正做到事事有人干、人人有事干。同时，不再用“班干部”这样的称谓，而替之以“岗位负责人”，这样就少了一种“官”味。以刚刚毕业的2015级（6）班为例，全班44人，最终讨论确立了49个岗位，每个岗位都有相应的职责（详见文末附）。

再次，让同学们明白，这些岗位既为他们提供了为班级服务的机会，也让他们能借此培养自己的某种能力，而后者才是更重要的目的。换言之，我们设置岗位，最终目的不是为了培养老师的助手，也不停留于为班级做贡献，而是为了帮助学生不断成长，实现自己的发展。

最后，明确一条：所有岗位，一律平等，大家只是分工不同，所有人都可以平等地参与优秀学生干部的评选，任职班干部可以成为其他荣誉评选的重要参考指标。如果是分管备品的，班级还将用他的名字对备品进行命名。

如此一来，同学们自然积极响应，对自己的岗位倍加重视，不再因位卑而忽视它的存在，同时，把分管的备品视为私有财产而倍加爱护，把分管的项目当作自己的工作来对待。比如，分管挂钟的陈凯同学居然能把挂钟的三枚指针都调得与传达室的时间一致，为此还总结出一套调挂钟时间的心得，于是该挂钟就被命名为“陈凯钟”；再如分管垃圾桶的骆凌，虽不愿意用自己的名字来命名该备品，但每次倒完垃圾后都会把垃圾桶里外清洗一遍……其他岗位的工作，又何尝不是如此精益求精？于是，班级井然有序地运转；于是，每位同学都有了一个一展身手的平台。而我则在不经意间，又开发出了一片育人的“自留地”。

二、合理评选岗位负责人

岗位评选的常见方式不外乎任命式和选举式。前者显得有些专制，它体现的更多的是班主任的意志，这种方式产生的班委很容易遭到“民众”的反对，而且被任命的同学可能会临阵甩包袱，“又不是我要当的，是你要我当的”，从而让班主任陷入被动；后者看似民主，体现了学生和班集体的意愿，但如果班风不够纯正，也会适得其反。比如，若那些号召力强却品行不端的人当选，班主任该不该任命？任命吧，则倡导了一种不健康的班级文化；不任命吧，班主任就会被学生认为是出尔反尔，威信立降。

所以最佳的办法，是寻找班主任、被任命的同学本人、班集体三方意志的结合点，如此才可皆大欢喜，岗位负责人才会有威信，班级才能长治久安。

首先，如何体现班主任的意志？一旦评选活动进入程序，班主任就不便直接插手，所以需要提前介入，当然这需要班主任的精心观察和适时点拨。班主任应该以“木匠的眼光”看待学生：在木匠的眼里，每块木头都是有用的——平整的木头可以做椅面，较长的木头可以做椅腿，连一块小木头，也可以用来做加固用的木楔。一句话，只要你用得恰当，就没有废木，所有的木头都有其独特的价值。从这个意义上讲，只要设置了合适的岗位，所有的学生都能成为班级建设的资源。

同时，班主任应深入群众，明察暗访，察人于微，寻找学生身上的优良品质，并不断地把这种可贵品质反馈给学生，诸如“宁宁，你做事一丝不苟，勤勉踏实，如果做生活委员一定很出色”等，因人而异，量才而用。这一观察反馈的过程不可小视，一来可以给学生贴上一个积极的标签，激发他向着该目标前进；二来可以让学生感觉到老师对他的充分关注，须知关注是最好的激励方式，能为学生的发展提供源源不断的动力；三来可以让学生在上台演说时增加一分勇气。其实，这一过程就是班主任把自己的意志慢慢渗透给学生的过程。

其次，如何体现学生个人的意志？班主任可以先通过调查，了解学生的特长、曾担任过的职务、心目中的理想职务、担任某个职务的优势、目前尚存在的一些缺点等，让一切尽收眼底。然后，通过与个别学生交谈，对他们进行深入的了解和引导。如此一来，班主任便能掌握尽可能多的第一手材料，做到手中有粮，心中不慌。

最后，如何体现班集体的意志？班主任可以事先在黑板上写好评选岗位的名称，竞选者在岗位名称后写上自己的名字，并发表竞选演说，再在此基础上进行民主选举，并力求公平、公正、公开。

有了前面的充分铺垫，第三步也就水到渠成了。在此基础上产生的每一个岗位负责人，表现一定很“给力”，一定会给你送上一份惊喜。可以说，前面两步才是我们真正需要努力的地方，第三步不过是让程序“合法化”而已，可惜许多班主任往往本末倒置。

三、帮助岗位负责人树立威信

不可否认，个体之间存在很大差异，一个班级不可能集所有英才于一身，所以，对每个岗位负责人表达信赖，并用具体行动予以支持、指导和培养，让他们在成就岗位的同时成就自己，这是每个班主任的应有作为，也是教育工作的价值所在。

如何帮助岗位负责人树立威信？这里讲述两个关于纪律委员和班长的例子，因这两个岗位最容易得罪人，常常吃力不讨好，所以最需要班主任的指导和支持。

1. 帮助纪律委员树立威信

如果纪律委员严格执法，就很容易得罪人，同学关系会变得紧张，在评选先进时往往会吃亏，这就是为什么部分同学不当纪律委员时“亲者众”，当了纪律委员反倒“和者寡”的原因。反过来，如果纪律委员为博得好人缘，降低对同学的要求，甚至听之任之，势必又会为自己的后续管理带来阻力，而且还可能受到班主任的批评，落得个两头不讨巧。

如何让纪律委员没有后顾之忧？我特意在班里声明："关于自习课，我只以我走进教室的一刹那来评判大家的学习状态，如果在那一刻学习氛围很有序、很积极，我就肯定，反之，我就批评，这算客观公正吧？"学生点头称是。

我继续说道："有这样一个故事，说的是孔子的一位学生在煮粥时，发现有脏东西掉进了锅里，于是连忙用汤匙捞起，正想把它倒掉时，忽然想到一粥一饭都来之不易，便把那勺粥吃了。刚巧孔子走进来，以为他在偷食，便教训了他。经解释孔子才恍然大悟，感慨地说：'我亲眼看见的都不一定是事实呀。'生活中何尝不是这样？比如我们的纪律委员小望，她在管理纪律时，难免会看走眼，难免会误判，如果那个人刚好是你，你该怎么办呢？"我不失时机地抛出问题。"先服从小望的管理，事后再跟她解释。"同学们个个表现得通情达理，这正中我下怀。有了这番话，我就在无形中抢占了舆论的"先机"，替小望同学争取到了不少主动权，到时小望就可放心大胆地去管理了，即便管理失当，同学们也多少会对自己克制一些，毕竟他们总不愿被人说成是出尔反尔吧。

此后，每逢自习课，我就先躲在门外，如果里面嘈杂不堪，我就抽身而退（因为此时进入，我将不得不收拾局面，显然时机不佳）；等到安静了，我再进入，郑重其事地肯定小望同学，继而肯定班委的模范带头作用，最后表扬全班，说是大家的大局意识为班级营造了这样一个有序的学习环境，如果没有全班同学的这种大局意识和自控意识，再能干、再尽职的纪律委员怕也无济于事。

几番下来，在高帽子的作用下，同学们果然越来越有"大局意识"，责任感、自豪感、使命感骤然增强，小望也因全班同学的推选而被评为第一期的"管理之星"。班风日渐朝着积极、正气、阳光的方向迈进！

在此基础上，我再利用"登门槛效应"，适时引用老子的"太上，不知有之"（意为最好的世道，老百姓感觉不到统治者的存在）、"功成事遂，百姓皆谓'我自然'"（意为大功告成之后，百姓都将其视为自然而然的事，说我们本来就是这样的呀）等话语，引导学生向"没有制度的有序"迈进。

如今，班级已不再需要小望同学的管理了，这个纪律委员已“形同虚设”。

2. 帮助班长树立威信

班长小吴是一个刚正、善良、品学兼优的女孩，敢于主动管理，又有着极强的责任心，像个小大人，但也总端着一副“官”架子。不必说，她这样的个性很容易被孤立。我寻思着如何让同学们深切感受到我们的班长是一心为班级着想的，若达不到这一点，班长的威信就很难树立起来。

我照例先在班里申明：“以后我不在学校时，一切班级事务交由小吴全权负责。”学生们听闻此言，个个不动声色，这一幕很是耐人寻味。

我话锋一转：“可万一班长的决策不够英明，那该怎么办？”学生们马上活跃起来：“那就提建议。”“万一提的建议很多，而班长只能择其一，很多人的建议无法被采纳，那又该怎么办？”我把可能出现的问题一一抛出，以退求进，“为之于其未有，治之于其未乱”(《道德经》)。

“我们不会有意见的，班长其实也挺难的。”“你们如此通情达理，我真是欣慰。确实，当个好班长很不容易，须知任何一项决策都不可能完美，我们只能根据‘两利相权取其重，两害相权取其轻’的原则，选择相对合理的，如此而已。而且要‘破’一个决定是轻而易举的事，只需说‘不好’即可，可要‘立’一项提议，却何其之难！所以，今后你们如果对郑老师、对班长的决策有什么意见的话，尽管提出来，可在没有更好的方案取代之前，就不要抱怨原方案了，如何？”同学们点头称是。此后，大家既积极提建议，又能坦然面对自己的建议被否决。我的这一招首先堵住了他们的悠悠之口。

可即便如此，班长刚正不阿的性格及其追求完美的态度，还是让很多学生吃不消，不满之声时有耳闻。我没有责怪班长，只是委婉地给她提起老子关于舌头和牙齿的说法：牙齿太刚，容易脱落，舌头柔软，反而长存。我当然不是教班长“诈”，只是希望她能多一些柔性以提升自身的管理能力。可她的本性就是如此，这些话岂是朝夕间能见效的？于是，班长一如既往地高标准严要求，同学们一如既往地在心里嘀咕。

在班长又一次找我诉苦时，我为她寻找对策："我们不妨演一次'双簧'，在郑老师不在校时，你继续严格管理。等我回校后，你给我写张纸条，列数班上同学的种种闪光点。要做到这一点可不容易呀，需要有一双善于观察的眼睛。"班长点头应允。

一次我外出，班长遵照我的锦囊妙计，让一切顺利上演。我一回学校，就看到班长站在走廊里张望，见是我，欣喜万分，欢呼着飞奔过来，塞给我一张纸条。于是在放学前，我平静地走进教室，学生们个个正襟危坐，他们都以为班长给我的是状纸呢，正等着挨训。

"今天课间我们班下楼非常迅速，队伍跑得整齐，口号喊得响亮，旁边的老师都一致夸奖；就餐时，一有小声音，大家就相互提醒；卫生委员工作非常负责，以至从开学到现在卫生还未扣过分；数学课讨论很积极，尤其是瑶瑶和子淇；小邹发言越来越积极了，每门学科都是如此；音乐课上，少清、小铭、东东唱歌棒极了……"我一边宣读班长的反馈，一边留意同学们的表现。只见原本装模作样奋笔疾书的小鬼们纷纷放下手中的笔，留神细听，还时不时看看班长。铃响了，我平静地宣布放学，此时班长的身边却聚满了人……

如今，班长一呼百应。看，那个煞有其事在点评和指挥的，就是我们的班长。

对其他班委的指导，我就不再赘述了，我只想说，为班委树立威信，能在某种程度上提升班主任的执行力，因为一旦班委在班上树立起威信，他们便能最终"反哺"班级。

这样一来，全班同学都在各自的岗位上，各司其职，各尽其责。于是，班主任可以脱出身来，多几分悠然自得。而班级也从此朝着苏霍姆林斯基所倡导的"真正的教育，是自我教育"的方向稳步迈进。

附　杭州市天杭实验学校 2015 级（6）班岗位设置

（注：横线数表示该岗位所需的人数）

班　长：__________

1. 积极主动地与班主任交流，领会班主任的管理理念，丰富并提升自己的认识。

2. 统筹协调班级活动的开展，在实践中提升自己的管理水平。

3. 及时向班主任汇报班级近况；班主任不在校时，代行班主任职责。

4. 协调同学之间的关系，调解同学间的小纠纷。

5. 掌管班级印章，负责邀请函、表扬信等文件的撰写并盖章，使之带有仪式感。

6. 组织同学每天编写班级"史记"。

副班长兼团支书：__________

1. 协助班长做好各项工作。

2. 组织全班团员完成团委布置的工作。

3. 全面做好新团员的发展工作。

4. 及时了解班级同学的思想动态和情绪状态，并力所能及地提供相应帮助。

学习委员：__________

1. 指导各科代表开展工作。

2. 指导各科兴趣活动小组开展工作，倡导积极浓厚的学习氛围。

3. 指导各学习小组开展工作。

4. 将学习中存在的问题反馈给老师，对老师的讲课提出合理化建议。

5. 每天统计作业完成情况，记录作业优秀者和不交、迟交、未做、少做、乱做、不规范者。

6. 组织开展帮扶互助活动，帮助学习有困难的同学改进学习方法，调整学习状态。

体育委员（兼体育科代表）：________　________

1. 负责管理课间操、眼保健操工作。

2. 负责队列体操比赛、体育活动及运动会的开展。

3. 协助体育老师上好体育课，负责全班同学的体育锻炼达标工作。

4. 管理用餐纪律和队列纪律。

文娱委员（兼音乐科代表）：________　________

1. 组织同学参加学校的文艺演出及诗歌朗诵、演讲、“班班有歌声”等比赛。

2. 开展午间文化建设。

3. 负责元旦、六一等节日的节目编排。

卫生委员：________　________

1. 全面负责班级卫生清扫工作的指导和反馈，指导同学高效完成任务。

2. 督促同学养成良好的卫生习惯。

3. 前者负责教室卫生工作，后者了解包干区的范围并负责包干区和专用教室的卫生工作。

4. 中午和放学后，提醒同学及时清理抽屉，做好个人负责范围内的保洁工作。

组织委员：_______　_______　_______　_______　_______　_______

1. 一号、二号负责组织班会。

2. 三号、四号负责开展春游、秋游、亲子郊游。

3. 五号负责向班委建议召开班委会或班委常委会，一经批准则负责组织主持会议；六号负责调换或安排同学的座位。

宣传委员：______ ______ ______ ______ ______ ______

1. 一号、二号负责班级板报专栏，并清理、收拾好宣传用品，同时负责制作班级活动海报。

2. 三号、四号负责通讯报道的撰写，并上传通讯报道及照片，每周至少一篇；负责好人好事的宣传。

3. 五号、六号负责教室美化及走廊文化的建设。

生活委员：__________

1. 检查并反馈班级各备品承包人的工作情况。

2. 检查同学的仪表，督促每个同学保持得体的形象。

3. 负责体检工作，协助医务室建立本班同学的健康档案。

4. 登记请假、复课情况。

图书委员：__________

1. 负责书柜的整理、清洁工作。

2. 负责图书的管理工作，包括对图书进行整理、编号、登记等，并将图书摆放得有美感，同时方便同学取阅。

抄写委员：__________

1. 负责每天抄写课程表。

2. 及时向班主任和科任教师了解调课情况。

“五关”委员（门、窗、灯、扇、广播）：__________

1. 早晨到校后打开门、窗、灯、扇、广播。

2. 同学离开教室后，及时做好“五关”。

3. 放学回家前，做好“五关”。

记载委员：________ ________

1. 一号负责登记志愿者、学生获奖情况，并每月宣读一次。

2. 二号负责记录争章表。

多媒体委员（兼信息科代表）：__________

1. 每天早晨交完作业后即打开电脑。

2. 课前咨询科任教师是否需要用多媒体，如有需要，及早准备好。

3. 负责多媒体设备的清洁、维护和报修，注意合理使用，提高设备的使用寿命。

4. 每天放学后关掉电脑，切断电源。

备品委员：__________

1. 负责粉笔的领取和保管。

2. 负责雨伞架、教师教学用具、多媒体底柜的整理。

挂钟委员：__________

1. 负责挂钟的校对，尽可能做到时、分、秒都对准。

2. 购买并更换挂钟电池。（凭小票到生活委员处报销）

自行车委员：__________

1. 负责自行车的管理。

2. 负责相应区域的卫生清扫。

心理委员：__________

1. 负责记载班级情绪本。

2. 了解班级同学的精神状态，适时向组织委员提议开设心理健康主题班会课或活动。

花草管理员：__________

1. 负责给班级的花草浇水、晒太阳。

2. 负责清洁花架，并将花草摆放得富有美感。

3. 每周一更换鲜花，将鲜花插放得有美感，并摆放在最佳位置。

抹布清洁员：__________

1. 周五将抹布带回家清洗干净，周一带回。

2. 大扫除后，督促同学把抹布清洗干净，晾干后叠放好。

旗手：__________

1. 队课时，负责出旗。

2. 保管好队旗和班旗。

打印员：__________

与五号、六号宣传委员及时联系，打印相应文稿。

科代表：

语文科代表：______ ______　数学科代表：______ ______

英语科代表：______ ______　生化科代表：______ ______

物理科代表：______ ______　社会科代表：______ ______

思品科代表：______ ______　家校联系本：______ ______

1. 文化课一号科代表：负责有序、高效地组织早读；课前组织背诵或朗读；帮助拿器材。

2. 文化课二号科代表：收发作业和试卷；抄写当天作业安排；贴教师反馈单；请科任教师。

注：

1. 每位同学均应在各自的岗位上培育自己的责任心，并尽力将本职工作做到极致，你的作品就是你自己。

2. 班级每月进行一次岗位履职情况自查互评，并相互交流经验，表彰先进。

3. 同学们要本着相互体谅、不给别人添麻烦的原则开展工作，并从中学会合作，相扶相携。

4. 本职岗位工作若因故不能完成，须委托临时负责人或报告班长。

5. 若无法胜任本职岗位，须及时求助，或提请重新选举，选举结果产生之前仍应尽心履职。

6. 每位同学有权对各自负责的专项任务向班代会提出意见，但期间仍应遵守原来的规则。

班会课这样上既有实效又有长效

说班会课是德育的“自留地”，应该没有多少人会反对，可见班会课的作用不容小视。可时下许多班会课都已走形变样，甚至沦为摆设，这也是不争的事实。事实上我们的“自留地”早已开始荒芜，杂草丛生，“田园将芜胡不归”？

君不见，班会课上异象丛生。有传达式，即将班会课纯粹用于传达学校通知，总结班级情况，布置班级事务，安排后续工作；有挪用式，即将班会课挪用来上自己学科的课，或将之改为自习课；有应付式，即事先没有准备，随意敷衍，脚踩瓜皮，不着边际，纯粹靠临场发挥，学生听得昏昏欲睡，不知所云；有训话式，班主任黑着脸走进教室，对一些不良现象或是表现不佳的同学一顿狂轰滥炸，脸红脖子粗一通怒斥，飞沙走石，或对学生进行秋后算账。

于是乎，台上老师自顾自宣讲，台下学生自顾自做作业。任你苦口婆心，学生只当你是“过眼云烟”，烟消云散后，他们依旧无动于衷。这便是班会课的常见风景。

班会课缘何变味？我认为有以下几个原因：一是班会课没有固定的教材，无须考试、无须考核，只有“软约束”。当然，正是因为没有固定的教材，班会课的设计也就增加了难度，这也是客观事实。二是每周确实有一些繁杂琐碎的班级事务或校园通知要公布，不借班会课时间反馈、传达，怕是难有别的机会。三是班主任的日常琐事繁多，加上精力有限，难有充足的时间去设计并组织班会课。四是学校对班会课的重视不够，每每有艺术团队或课外兴趣小组想要开展活动，都会瞄准这一“风水宝地”，因为占用这一时间，不会招致其他科任教师的怨言。当然，许多班主任为了省事，也乐得把班会课拱手让人。

无怪乎，许多班主任感叹：班会课已成鸡肋，弃之可惜，食之无味！

其实，开好班会课，让学生喜欢上班会课，并没有我们想象中那么难。

一、如何从宏观上把握班会课

第一，还班会课一片“净土”。我特意开辟出“时间特区”，统一于周五放学前15分钟传达学校通知和布置班级事务，有些比较紧急的事情则事先写在黑板上，下午上课前三五分钟集中告之学生。这样就无须占用班会课，可以为班会课“让路”，还班会课一片清静。

第二，让班会课的主题提前亮相。“凡事预则立”，预先设定主题，可以让学生更充分地做好前期准备。那么如何确定班会课的主题呢？因每月有四周，于是我将主题分为四大板块，分别为百家讲堂板块、节日和生日板块、爱国主题板块、机动板块，其中爱国主题板块的内容学校多半会布置，因此这样的预留可以与学校“无缝衔接”。同时，我在开学初便与学生讨论并确定好每个板块的具体内容（见表1），并制定“德育日历”（见表2），将每月主题进行统筹安排，不至“撞车”，并连同“生日表”一起张贴于“班务公开栏”。

表1　杭州市天杭实验学校2015级（6）班2017学年班会课主题预排表

月份	百家讲堂	节日、生日主题	爱国主题	机动（含实践）
9月	二十四节气 （拟邀嘉宾：郑英老师）	教师节	九一八	（中秋节）
10月	“马拉松” （拟邀嘉宾：顾天夏爸爸）	“同学节”	国庆节	（助老节）
11月	“定向越野” （拟邀嘉宾：王菁同学）	感恩节	√	√

续表

月份	百家讲堂	节日、生日主题	爱国主题	机动（含实践）
12 月	"肥皂制作" （拟邀嘉宾：王婷婷老师）	√	"一二·九" 运动纪念日	√
1 月	"学习之美" （拟邀嘉宾：张天泽同学）	元旦	√	√
2 月	书画 （拟邀嘉宾：李明画家）	√	√	√
3 月	植树 （拟邀嘉宾：张军工程师）	女生节	√	（植树节）
4 月	水浒 （拟邀嘉宾：马成生教授）	男生节	清明节	√
5 月	"走进唐诗" （拟邀嘉宾：夏昆老师）	母亲节	五四	（助残日）
6 月	"也谈中考" （拟邀嘉宾：邱曙光校长）	父亲节	端午节	

注：打"√"表示机动，带括号的为推荐主题，可以有变动。机动板块的内容，可以是社会热门话题，如世博会、倡导低碳生活等；可以是身边的话题，如网络游戏等；可以是突发事件、阶段反馈、评优评先、学习指导、知识拓展等；还可以是社会实践。

表 2 杭州市天杭实验学校 2015 级（6）班 2017 学年第一学期德育日历

星期 周次	一	二	三	四	五	六	日	一周纪要
1		29	30	31	9/1	2	3	开学第一课
2	4 庆祝教师节	5	6	7 白露	8	9	10	
3	11 "二十四节气"	12	13	14	15	16	17	
4	18 九一八	19	20	21	22	23 秋分	24	
5	25 学情调研	26	27	28	29	30	10/1	秋假

续表

星期 周次	一	二	三	四	五	六	日	一周纪要
6	2	3	4 中秋	5	6	7	8 寒露	国庆，中秋节
7	9 庆祝“同学节”	10	11	12	13	14	15	
8	16“马拉松”	17	18	19	20	21	22	
9	23“关爱老人”	24	25	26	27	28 重阳	29	重阳节
10	30 学情调研	31	11/1	2	3	4	5	
11	6 阶段自查	7立冬	8	9	10	11	12	
12	13“定向越野”	14	15	16	17	18	19	
13	20“感恩有你”	21	22小雪	23 感恩节	24	25	26	感恩节
14	27 学情调研	28	29	30	12/1	2	3	
15	4“一二·九”	5	6	7 大雪	8	9	10	
16	11“肥皂制作”	12	13	14	15	16	17	
17	18 阶段自查	19	20	21	22 冬至	23	24	
18	25 学情调研	26	27	28	29	30	31	
19	1/1 元旦迎新	2	3	4	5 小寒	6	7	
20	8“学习之美”	9	10	11	12	13	14	
21	15 阶段自查	16	17	18	19	20 大寒	21	
22	22 期末迎考	23	24	25	26	27	28	
23	29 考前交流	30	31	2/1 期末	2	3	4 立春	期末考试

注：灰色表示周末或各类假期。

第三，由组织委员统筹安排，可以组建一个智囊团，对策划、搜集资料、制作课件、购买活动物品、主持、摄像等事宜进行合理分工，并责任到人，既有分工又强调合作。确定方案后，交由班主任审核。如此，每堂班会课便能有条不紊地进行，形神兼顾。

第四，要固定几个品牌活动。班会课不可能每堂都花大量时间来准备，否则容易本末倒置，但几个品牌活动不妨固定下来，如“爱的鼓励”（一种富有节奏感的击掌方式）、“爱的传递”（由墨西哥人浪演变而来）等，这些活动能很好地制造声势，活跃气氛。同时，也要准备一些道具，如用大纸箱制作的“色子”（多用于惩罚活动，是活跃气氛的有效道具）、快板、眼罩等，可随时取用，方便易行，而且价格便宜。

第五，要留下活动的“痕迹”。别忘了拍照和录像，这可以大大提高学生的积极性，谁不希望自己能留下精彩的瞬间呢？另外，要安排学生撰写通讯报道（这里提供一份有关社会实践活动的样稿，见文末附），一来让学生练练笔，二来为班级留下活动的“痕迹”，毕业后刻成光盘，学生人手一份，相信这将是一份别具情怀的礼物。

第六，让班会课走向更广阔的空间。我利用带两个班的优势，经常把小家伙们带向操场，而不是局限于教室。或是组织一些儿时的游戏；或是来一场拉歌比赛，学生个个兴致盎然，飙海豚音、拉丁舞擂台赛、街舞大 PK 等，狠狠地过了把瘾；或是来场拔河比赛，场面热火朝天，我如指挥家一般根据力量对比调控节奏。如势均力敌，就喊“一 —— 二 ——”，学生狂喊“加 —— 油 ——”；如力量均衡被打破，一方已渐渐占据上风，就加快节奏喊“一，二”，学生马上跟随节奏狂喊“加，油”。学生赢则开心，输亦快乐，队员卖力，啦啦队亦投入，真是别有一番趣味。这哪里是比赛，分明是分享快乐！

就这样，我通过“下放”班会课的选题权和组织权，一方面锻炼了学生的组织和策划能力，提升了他们的综合素质；另一方面让他们变被动介入为主动参与，变完成任务为享受快乐；同时，还激发他们源源不断地为班会课提供好点子，灵感层出不穷，班级其乐融融。从此，班主任可以日渐脱身，让班级逐渐步入良性发展的轨道。

二、如何从微观上设计一堂班会课

以上是从宏观角度把握班会课。就具体的班会课而言，我们必须考虑到其目标、环节、活动、立意等细节问题。这里以两堂同是以“端午节”为主题的班会课《情系端午》和《万水千山“粽”是情》为例，说明班会课设计需要注意哪些问题。

目标：就高？唯实？

《情系端午》的目标是：通过活动，了解端午节的由来及其相关的民俗风情，学习中华民族的传统美德；锻炼通过各种渠道（书籍、报刊、网络、他人经验等）获取信息的能力，培养好奇心和合作意识；提高思辨能力，丰富精神世界，激发爱国热情和民族自豪感，培养社会责任感和公民意识。

《万水千山“粽”是情》的目标是：通过活动，了解端午节的由来及其相关的民俗风情；在此基础上，分析端午节的文化内涵与现实意义；以积极的态度对待生活中的细节，并以此诠释和丰富端午节的内涵。

乍一看，前者目标立意奇高，且面面俱到。但是深究下去，这些“假、大、空”的目标，如何能在一堂班会课上落实？这是一堂班会课所不能承受之重，就是用一年、两年，甚至更长的时间也未必能够达成。这样“完美”的班会课，究其实质，是把追求道德目标作为“挡箭牌”，简单拼凑，生硬粘贴，会使班会活动因不堪重负而流于形式。

而后者则着力于生活中的细节，近在眼前，触手可及，能在细微之处触动学生的心弦。记得电影《列宁在1918》中有一句经典台词：“面包会有的，牛奶也会有的。”这样一句朴实的话语，却极富感召力，激励着人民排除万难建设家园。它胜过了那些崇高的、绚丽的、动听的、同时却有些让人不可感的口号。班会课的目标也应该是这样，唯有立足于真实的起点，才能超越这个起点。

环节：饱满？简约？

《情系端午》展现了如下十个环节：讲述——端午节的由来、别称及各地风俗；朗诵——《端午》《五月五日》《端午节的怀念》；演讲——《端午大江赞》；竞赛——端午话知识；观看——赛龙舟和各地各式粽子；活动——现场包粽子；快板——《民族精神代代传》；展示——各小组的手抄报、摄影、书画等成果；讨论——这次班会与以前同主题班会有何不同，你的最大收获是什么；歌唱——《56 个民族是一家》。

《万水千山“粽”是情》只设计了四个环节：讲述——端午节的由来、别称及各地风俗；讨论——端午节的文化内涵及现实意义；活动——任课教师为学生佩戴幸福五彩线；活动——分享粽子。

“文灭质，博溺心”，意为花样过多，反而会掩盖掉事物的本质。上述两个课例中，前者内容丰富，形式五彩缤纷，犹如上了过重的“浓彩”，失去了其纯真的“本色”，亦如加了过多的“佐料”，失去了其朴实的“原味”。环节众多，枝繁叶茂却不见树干，再加上时间仓促，许多地方只能点到为止，学生脑海中获得的只是繁杂的信息，难以吸收，只能显示为一堆乱码。

“冗繁削尽留清瘦”，世界上许多事情，往往就在简单之中见真功，在平淡之中见真情。第二个课例虽然只有区区四个环节，没有华丽精致的辞藻，却是简于形而精于神，简单而有品质。这种品质体现在对细节的把握上，看似平常，却蕴涵着智慧；看似简单，却孕育着深刻。一旦环节精简了，起承转合、轻重缓急就能落到实处，并能生出遐想和创造的空间，其动感和韵律也能显现出来，班会课因此而能变得清晰凝练、激情跌宕、活色生香。

活动：雕琢？自然？

《情系端午》设计了一个包粽子的活动，学生们兴奋异常，有的边包边叫喊，有的到别的小组上门观看，有的乘机嬉戏打闹一阵……于是教室里到处都是米粒，所包的粽子大多走形变样，惨不忍睹，根本无法下锅蒸煮，只得报废。更令人摇头叹息的是，每当见到他人所包粽子的惨样，不少学生都兴奋地发出一阵嬉笑声。此外，本节课还安排了一个讨论活动，教师问学生本次班会课与以前的同主题班会课有何不同，他们最大的收获是什么。话音刚落，学生便三五成群地凑在一块儿“讨论”。不到两分钟，教师叫停，只见几个学生走上台，娴熟地拿起道具，有板有眼地表演起“三句半”，以此“创新”的方式来谈他们的收获，其表现出来的“超高水平”让听课者刮目相看。

《万水千山“粽”是情》一课中，教师拿出事先准备好的五彩线，煞有介事地说：“这些五彩线的颜色有青、白、红、黄和黑五种，从阴阳五行学说上讲，它们分别代表着木、金、火、水、土。同时，它们还分别象征着东、西、南、北、中，蕴涵着五方神力，可以驱邪除魔，祛病强身，让人健康长寿，好运连连。”全班同学顿时兴奋起来。教师乘机说道：“这五彩线得由长辈来为我们佩戴才能见效。”于是，全班同学马上安静下来，静静地等候各科任教师为他们一一戴上。此时，“端午”这个名词，在同学们心中已超越了空洞的说教，而成了美好的心灵祝福。

前者的包粽子活动是一种虚幻的热闹，背离了班会课的基调，破坏了本应有的和谐美，弱化甚至扭曲了班会课的主旨，最终沦为一种“无效”甚至是“负效”的活动。再细细品味那个名曰“讨论”的环节，学生这样的表现真实吗？他们所展示的成果是否成了作秀的“剧本”？在这浮华的背后究竟还潜藏着多少“空洞”？

“美景如画须细看，最动人处是天然。”班会课也应崇尚自然，呵护本色，用童真激发幻想，使教育成为一座芳草菁菁、鸟鸣啾啾的乐园。上述第二个课例中，教师对五彩线的创造性运用，使得原本再寻常不过的物品因被赋予了美好的祝愿而顿时充满了神奇的力量，犹如彩虹般美丽，童话般浪漫。相信这根普通的线会永远系在学生的心里，承载着他们的美好向往，留给他们一生的回忆。

立意：高远？本真？

《情系端午》快要结束时，班主任充满激情地说："我国地大物博、历史悠久，许多传统文化遗产濒临灭绝，作为炎黄子孙，我们有责任去保护它们、弘扬它们，将它们发扬光大！最后，我以屈原的'路漫漫其修远兮，吾将上下而求索'作为结语，希望同学们用这句话勉励自己，努力学习，以优异的成绩考入高中，为弘扬中国传统民族文化做出贡献。"

《万水千山"粽"是情》的最后环节是分享粽子，这些粽子是由智囊团中的策划者——邹行行同学连夜买来的。值得一提的是，邹行行的妈妈当天早上5点钟就起来蒸粽子，并小心地把粽子包在食品袋里，为的是让它们的口感更好。这一小小的插曲令同学们感动不已，并自发地向他们表示感谢。大家一改往日的狼吞虎咽，一小口一小口地品尝着粽子的美味。教室里飘荡着粽叶的淡雅清香，沁人心扉，而大家的心中也回荡起一股浓浓的端午情。

不要让班会课承载过多的"使命"，我们不应怀有过高的道德期待，不应拔高对学生的道德要求，不应以较高形态的道德规范来要求学生，否则无异于政治鼓动，说者言不由衷，听者无动于衷。"我们可以，而且理当走出那种假大空的道德说教，转而以平等对话的姿态进入教育生活空间，但这绝不意味着我们可能走出道德本身。"（刘铁芳《守望教育》）

班会课应该立足于日常生活，从尊重日常生活开始，并小中见大，回到个体生活世界，只有这样才能产生不同凡响的效果。《万水千山

“粽”是情》班会课中的那些细节，足以温暖每个人的心。它会跟随着学生成长的节拍，在细微之处散发出真情的力量，并将成为让学生刻骨铭心的东西。这是空洞的道德说教所无法比拟的。

附　社会实践活动报道样稿

“卖　艺”

五一假期即将到来，为了让班级同学体验父母赚钱的辛劳，我们决定本次社会实践的内容为各小组想办法赚 20 元钱。同学们各显身手，有的到父母公司打工，有的批发小饰品去售卖，有的给小学生做家教……其中有个小组精心策划了一次“卖艺”活动，以下便是这次活动的跟踪报道。

彩　排

为了超额完成任务，卖艺小组不敢怠慢，5 月 3 日早上 9 点钟就到学校编排节目。节目还算丰富：陈天、何之阳、张靖、张涛表演快板；陈天献上两首周杰伦的歌；得过全国书画三等奖的陈侃现场泼墨挥毫；俞洲、金丽瑾再演绎几首周杰伦的金曲。为突出献爱心的主题，他们把此次行动定性为“义演”，事先拟定的“演出词”很有气势：“今天，我们在这儿为希望工程义演……”一个小时的彩排结束后，大家信心满满。

包　装

有人提议：“现代社会，但凡演出怎能不讲究包装？”商量之后大家一致认为，如果有横幅和绶带，演出就更像样了。于是，横幅花了35元，绶带花了22元。为预祝成功，每人又买了一杯“碎碎冰”。“吴山广场的热心群众每人10元、20元地捐，我们很快就能完成任务。”班长赵薇底气十足。

擅自开了一个场子

下午1点30分，吴山广场。“演员”们姗姗来迟，比预定时间晚了半小时。一开始，大家想把场子设在“吴山天风”的下面，但那里人气不旺。班长赵薇相中了正在广场搞促销活动的一家企业的舞台，那里拥有一流的音响设备。“如果能在这样的舞台上演出，那就牛了。”几个小“演员”窃窃私语。上前一谈判，企业以时间安排已满、负责人不在等理由回绝。悻悻而归的小“演员”化弱势为力量，在离大舞台200米远的地方拉开场子和他们叫板。5米长的鲜红条幅、小录音机沙哑的声音在人流如织的吴山广场还真是很扎眼。一段快板下来，已有几十个群众围观。

场子被砸

但好景不长，演出引来了广场综合管理监察队。“干什么的？谁叫你们在这里自说自话搞活动的？”两名巡查队员就这样把他们给驱散了。此时捐款箱内只有3元钱进账，并没有出现预想中大把大把给钱的人。

和“大盖帽”谈判

想想很简单的事原来这么复杂，班长赵薇想不通。她决定到广场综合管理处去“谈判”。她以“义演”的名义请求将演出继续办下去，最后，管理处缠不过这位执着的小姑娘，给他们“特批”了20分钟。

怎么没人捧场

得到“合法”身份的小“演员”们又来了劲头，索性撇开“演出词”，扯开嗓子吆喝：“走一走，看一看！”伴随着节奏感很强的音乐，两个小“演员”临时大跳“芭拉芭拉”舞，可是围观者很快就散了，给钱的就更少了。偶尔有一两个人向孤零零躺在地上的捐款箱扔了几个硬币，几个不懂事的小孩子更是将捐款箱当成玩具，在上面跳来跳去。跳舞没人捧场，那就唱歌。可是录音机很不争气，捣鼓了半天，那首周杰伦的歌才出来。两首根本听不清楚的“金曲”唱罢，捐款箱里才又多了点儿硬币，但这时 20 分钟的大限已到。3 点 20 分，广场巡逻员准时将横幅收下。义演到此结束。

当街劝募

小“演员”们将捐款箱翻了个底朝天，很仔细地数了一下钱：19 块 9 毛。班长赵薇一看急了：“离完成任务还差一毛，再算上成本，这不是要赔钱吗？”便命令张涛捧着箱子向游人讨钱，其余的人“呐喊助威”。幸亏大家有“爱心”，硬讨比卖艺来钱更快。截至下午 4 点半，捐款箱里总算有了 43 元 7 毛钱。

后　记

因成本花了 57 元，故要完成任务，需挣回 77 元，而整场活动所得只有 43.7 元。于是“卖艺”结束后，他们又通过卖报纸、卖矿泉水等形式赚了一部分钱，最后上交了 77 块 4 毛钱，算是超额完成了任务。活动结束后，队员们无不感慨：赚钱不容易啊！

落到实处的家长会

开好家长会是班主任又一项必须修炼的技巧。

因目的、时机不同，家长会可以分为多种形式，如发布会、会演慰问、亲子互动等，不过最常见的当属“集体会议 + 个别交流”，本文所描述的正是这一形式的家长会。

家长会的内容又因班级的具体情况而千差万别，但万变不离其宗，其中还是有许多共性的东西的。

如何让家长会最大限度地发挥作用？我觉得我们应主要关注以下三个问题。

一、如何让每位家长不带遗憾地离开

在家长会的时间把握上，我们不得不面临一个两难问题：如果让科任教师充分发挥，顾及尽可能多的孩子，会议时间势必会延长，并影响家长的听讲心情和听讲效率；如果让会议紧凑一些，压缩每位教师的发言时间，则又无法顾及全体同学，总会有家长对自己孩子的在校表现知之甚少甚至一无所知。基于此，我们不得不寄希望于家长，期待他们会后与我们进行个别交流。

说来惭愧，我自己也一度因为这个问题而错怪了家长。起因无非是我希望个别家长能留下来与老师进行个别交流，可会后却不见他们的踪影，于是责怪他们对孩子的教育不够重视。如今细细想来，自己也负有一定的责任，因为后来根据观察，其实那些家长也渴望与我们交流，可是话语权往往被那些强势的家长（这些家长往往因自己的孩子出色而无视他人）所霸占，再加上他们认为自己的孩子表现不佳，于是羞于开口，最终无奈离去。

为改变这一状况，我事先咨询了各科任教师，了解了他们的谈话需求，然后制作成一张幻灯片，将家长“分门别类”。此举的好处在于，家长们被有序地分散到各科任教师处，不至于都挤在一处，于是整个交流顺畅地“流动”了起来。

即便如此，家长还是难以与所有科任教师一一交流，对他们而言，那份空缺就是一份遗憾。如何让家长不带遗憾地离开？我再度思索，终于想出了一个解决方案，那就是事先让科任教师对所有学生做一份简短的点评，这样的点评，一方面不会给科任教师带来很大压力，另一方面可以减少非本质的信息，最后，由我统筹“组装”，名之“反馈单”。以下便是一位蒋同学的反馈单。

> 蒋 ××
>
> 语文：最近难见你过去的优异表现。以本次考试为例，有两处失误让我惊讶：一是阅读（二），你竟没有答完；二是作文，偏题不说，书写也大大退步了。有些担忧！
>
> 数学：上课专注度提高了，一改以前的沉默寡言，开始踊跃发言，非常令人满意，继续保持哦，让老师能持续这份惊喜。
>
> 外语：你最需要下功夫的地方是增加你的词汇量，这有助于提高你的阅读能力及语言综合运用能力，但愿多努力，祝愿有惊喜！
>
> 科学：求知欲强，自信而自控；自主学习能力好，成绩稳定；主动协助老师，处处起带头作用。是个不可多得的科代表。
>
> 体育：本次体育考试得了 27.5 分。薄弱环节是力量类项目，目前才得 8 分。建议每天绕操场跑 4 ～ 5 圈，做俯卧撑 30 个，并利用课余和上体育课时间强化训练排球发球技术。

反馈单在会前发放给家长，因此在会议正式开始之前，家长们都已进入了状态，或认真阅读，或认真留言。以下便是这位蒋同学家长的留言。

我们期望蒋××能够被保送到杭州学军中学或杭州第二中学。他这次考试成绩下降比较明显，我们总结后认为：他的学习态度是好的，但学习习惯不够好，动作比较慢，这直接影响了他的答题得分。在与老师沟通后，我们认为造成他动作慢的原因主要有：① 知识点运用较差，不熟练。改进措施：选择使用高质量的练习题、易错题，加强练习。② 平时动作太慢。改进措施：从平时生活中的细节入手，时时提醒，加强其时间观念。③ 字迹潦草，自认为写得快了，其实比认真书写还要慢得多。改进措施：在他做作业时突击检查，加强监督。期末就在眼前，相信通过我们的努力，他一定会有所进步。

有了这份反馈单，家长对孩子每门学科的表现就有了大致的了解，在此基础上，他们再有针对性地找科任教师进行交流，从而既顾及了全体，又照顾了个别，效果相当不错。而且家长们拿到这份反馈单后都无不感慨：班级的科任教师真是负责呀！这又在无形中为教师团队树立了良好的形象。同时，会后家长各自上交留言，又便于我们了解家长的心声，教育的合力就这样在不知不觉中形成了。

当然，这一做法的前提是班主任与科任教师的观点一致，如若不然，只要有一位科任教师反对，此法就无法采用。试想，如果家长拿到单子，发现唯独某某科任教师没有反馈，便会认为该教师不负责，这无疑将给那位教师带来极大的压力。所以，采用此法必须慎之又慎。

二、如何让学生的服务成为精品

家长会前，大多数班主任都会征集志愿者前来服务，但他们不一定意识到志愿者的服务也需成为精品，有些班主任甚至把这种服务简单地理解为会前的搞卫生。如此一来，学生也认为搞完卫生就算完成使命了，此后便无所事事。于是我们经常看到这样的场景：教室里面的老师讲得投入，教室外面的学生聊得正酣。

如何让学生的服务成为精品？这自然离不开培训。每次家长会前，我都会事先征集六位志愿者，两人站在教室前面，负责引路；两人站在教室后面，负责倒茶水；两人面对面站在门口，负责迎送。然后我会对每个岗位一一进行指导。

负责引路的同学，须熟记班级同学的座位，做到对答如流，第一时间把家长指引到位（自从采用了桌签，这两个岗位便撤销了）。

负责在门口欢迎的同学，须面对面站立，要有默契，鞠躬须一致，问候须齐声。由于面对面站立，总有一个人会看不见来的是何人，于是有同学想出了这样的点子：伸一个手指，表示来的是爸爸，两个手指，代表是妈妈，三个手指则暗示该一起鞠躬问候了。真是有趣！

负责倒茶水的同学，口袋里不得有硬币或钥匙，以免发出响声；走路须轻声；倒水要有讲究，先倒半杯热水，然后留心观察，哪位家长喝得频繁就多多留意，中途给每位家长续一点儿，以保证茶水始终温热。

同时，所有服务人员都要讲究仪态。如果是女生，就要像空姐一样有亲和力，姿态自然，大方得体；如果是男生，就要像军人一样英武，精神饱满，刚劲有力。看到这一幕幕，家长们无不称赞同学们品质高，尤其是这些孩子的父母，更是看在眼里乐在心里。

有这样一个小插曲。那天韬韬居然也自告奋勇前来倒茶水。韬韬是谁？一个古灵精怪、冒冒失失、不拘小节的男孩，从不注重礼仪。在韬韬做志愿者工作的那天，他的妈妈，一个听讲最认真的家长，会后居然要求我给她“补课”。原来，会上她的注意力全被儿子吸引了，这可是她第一次发现儿子这么有礼貌，他每次都是轻声询问“叔叔，要不要加点水？”“阿姨，您的茶水凉了，要给您换一杯吗？”说到此处，韬韬的妈妈又是惊喜又是抱怨：“他在家里可从来没有给我们倒过水呀！”第二次家长会，韬韬妈妈一脸喜悦地告诉我：“韬韬现在偶尔也会为我和他爸倒开水了，上下楼梯也跟人打招呼了。”想不到，一次短暂的服务，居然让韬韬有了意想不到的改变，这是否也是一项合理制度所产生的魅力呢？

因为是自愿参加，所以每次的志愿者都是不同的组合。一开始需要我亲自给他们培训，再后来，有经验的同学开始当师父，手把手地教他们的“接班人”，这可替我省下了一番功夫。就这样，同学们经过几轮服务，更加注重礼仪规范了，整个班级呈现出的面貌也备受称道。

三、如何在细节处锦上添花

有三个细节可以为家长会锦上添花。

桌签。我用粉红色的卡纸将学生的名字打印出来，制作成一个个精美的桌签，会前放置于桌子正前方，于是家长俨然就成了领导、专家。桌签的前侧是学生的名字，后侧是学生给父母的留言。这样，提早到的家长既可以看“反馈单”，又可以看孩子的留言，还可以与科任教师进行交流，不亦乐乎。

绶带。我还亲自动手制作了六条绶带，绶带上的字也是我亲自操刀，反正这类活是我的拿手好戏，正好借此露一手。那些字用亮光闪闪的金色和红色不干胶层叠而成，大气又精美，价格低廉且可重复使用，每换一届学生，只需将不干胶撕下，更换几个字即可。更大的好处在于，有了这样的绶带在身，服务志愿者们会更容易进入角色，也会以更高的标准要求自己，从而让自己的表现与这闪亮的绶带相“配套”。好比一个演员，穿上演出服、拿起道具后，会更容易入戏。

温馨提示。虽说学校会发放《告家长书》，但我们还是需要提前几天发短信告诉家长，并在会议当天再次短信提示，要求他们带上笔和笔记本，并提醒他们会议的时间和地点。我们班的规则是家长会准时开始，从不拖延，理由是“不能委屈那些按时到的家长”，家长若真要有紧急事，都会事先请好假另约时间，因此开会的效率奇高。

这样的家长会，能不让家长满意吗？

考虑到各校、各班的初一新生家长会最具共通性，这里特提供设计一例。

附　与家长的第一次对话
—— 让孩子的小升初顺利“着陆”

一、设计目的

孩子要上初中了，父母心中自是喜悦，同时又不免有些担忧：我的孩子能适应初中生活吗？须知成为一名合格的初中生，并不像转变称谓这么简单，因为初中不是小学的简单延续，而是一种螺旋式提升。此次家长会的目的就是为了让家长对初中生活有所了解，防患于未然，掌握主动权，从而实现小升初的有效对接。

二、设计理念

通过教师搭台，家长唱戏，把会议的“主线”串在家长身上，旨在通过教师的“引”，让家长“明”起来，从而营造出家长主动听讲 —— 家校和谐互动 —— 指导落实行动的氛围。

三、方法选择

实例讲解法、问题研讨法、实践指导法。

四、细节准备

《家长会说明书》、PPT、杯子、开水、桌签、便笺纸。

五、具体流程

1. 前奏充分，开端良好

[发放] 事先给每位家长发放《家长会说明书》。

（设计意图：家长到达时间不一，事先发放手册可以让早到的家长先翻阅起来，从而为会议创造良好的开端）

2. 故事引子，喜闻乐见

[设问] 一天，天鹅、梭子鱼、大虾一起拉一车货物，它们用尽了全力，可货物却纹丝不动，这是为什么呢？

（家长思考）

[承转] 原因在于他们的方向不一致，一个往上，一个往前，一个往后，力量相互抵消了。教育也是如此，如果教师、家长、孩子努力的方向不一致，也会出现这样的结果。

（家长欣然接受）

（设计意图：通过这个短小却又寓意深刻的小故事，在第一时间调动家长思维的兴奋点和参与的积极性）

3. 有意言说，明理通达

[讲述] 我们都有这样的生活常识：当你站在急驶的公交车上时，一旦汽车急转弯，如果你缺少准备，就会站立不稳甚至摔倒。同样，孩子进入初中后，如果我们缺乏心理准备，没有及时进行调整，他们也会出现“站立不稳”的现象。

（边讲述边操作 PPT）

[建议] 家长需要做的准备：用品准备

- 一只手表：帮助孩子增强时间观念。
- 学习用品：铅笔、橡皮、水笔、尺、三角板等，不用修正带、修正液。
- 工具书：《新华字典》《古汉语常用字字典》《现代汉语词典》《成语词典》。

4. 案例共析，寻微探幽

[出示] 案例：小茹和小瑶自幼就是亲密无间的好朋友，成绩不相上下，后考进同一所中学。进入中学后的第一次测验，小茹考了全班第一，可是小瑶却勉强及格。小瑶想不通，她俩平时一起上学，周末一起玩，可为什么成绩却相差这么大呢？

（家长共同讨论分析）

[出示] 案例：小成的成绩平时在班上都稳定在前 10 名左右，但有一次学情调研，他的成绩却全线下滑，父母焦急又无奈，赌气地说："你要是考倒数第一，我们也就死心了……"结果小成在之后的考试中故意交白卷，目的是让父母彻底死心，自己也好摆脱压力。

（家长共同讨论分析）

[出示] 案例：小佳上小学时活泼开朗，可自从上初中后，话越来越少，喜欢独自静坐，好像变了个人似的，而且有时还无故发脾气。偶然间，妈妈发现她的笔记本上写着："为什么我的成绩下降？""为什么同学都不喜欢我？"

（家长共同讨论分析）

[出示] 案例：小思在入学不到两个月的时间里，多次和同学打架，大多是因为一两句话不投机，或无意中相互碰撞；另外，他还多次不交作业，不是不会，而是时间不够没写完或忘了带作业本……

（家长共同讨论分析）

[归纳] 家长在做好物品准备的同时，也须做好以下心理准备。

[建议] 家长需要做的准备：心理准备

• 作息时间：到校早，放学迟，节奏加快 —— 暑期调整。
• 功课：从"寥寥无几"到"五花八门"—— 提前借阅。
• 授课教师：人数增多，一人只授一门课 —— 主动表现。
• 功课难度：增大，名次重新排列组合 —— 从零开始。
• 科目分值：语、数、英各 120 分，科学 180 分 —— 纵横比较。
• 学习方式：在习惯基础之上进行持久战 —— 主动学习。
• 师生交往：教师不会时刻与学生在一起 —— 牵线搭桥。

• 同学交往：交往面可能会变窄，非正式群体 —— 方式健康。

• 亲子交往：孩子可能会表现得越来越倔 —— 多多沟通。

• 家校沟通：孩子在家在校可能表现不一致 —— 多多联系。

（设计意图：通过对典型案例的分析，同时通过可感的事例，引发家长思考，让家长根据各自的理解去探索、去分析、去分辨，从而对孩子进入初中后可能会出现的变化有更深的了解，以免遇到问题时茫然无措或焦躁不安。在此基础上，教师系统归纳，全面帮助家长从理性的角度深入认识这些问题。）

5. 反躬自身，反省导行

［出示］孩子："我要一只苹果手机，班上很多同学都已经有了。还有，新款耐克运动鞋上市了，我不能落伍的！"

［建议］反躬自身，别做孩子的坏榜样；如果反对孩子买某样东西，就应心平气和地和他讲理由；夫妻双方态度一致，立场坚定；根据孩子的实际情况，给出一个要求，一旦孩子达到了要求，就可以给予他应有的奖励。另外还可以让孩子用家务劳动换取报酬，买他自己心仪的物品，让他知道钱来之不易；如果对孩子有所承诺，就必须兑现。此时您不能做的是：以没钱作为理由；态度简单粗暴，甚至采用打骂等教育方式。

［出示］父母边看电视边训孩子："你怎么又偷偷玩游戏了？告诉过你多少次了，有空多做点儿练习，就要考试了……"孩子："你们自己站着说话不腰疼！"

［建议］以身作则，给孩子树立榜样，如孩子做作业时，您可以看报纸或书，和孩子一起学习；采取一些激励措施，如给孩子定个目标，如果他能达到，就满足他的一些合理要求，这个目标可近可远，可小可大，但不能超出孩子的能力范围；适时的表扬和赞赏，对孩子来说也是一种奖励。您不能做的是：孩子认真学习时，您却在看电视、玩游戏；动不动就采用惩罚措施。孩子成绩退步时，家长不要把自己的焦虑、急躁表现出来，您的焦虑会给孩子带来巨大的压力。

［出示］妈妈："最近怎么老有男生打电话找你，而且都是些闲聊的电

话？”女儿：“你偷听我打电话？”母女俩开始唇枪舌剑地争吵起来。

[建议] 告诉孩子，要进行集体交往，这样能开阔眼界和心胸；在没有独立生活能力之前过早地尝试爱情，是一种不负责任的行为；女孩要学会自我保护，以免受到让自己悔之莫及的伤害；购买一些有关青春期性知识的书籍送给孩子。您不能做的是：忽视孩子身体的变化，漠视孩子对青春期的疑问和担忧；偷看日记、偷听电话，粗暴干预孩子与异性之间的正常交往。

[归纳] 作为家长，须注意以下问题。

- 少说以下这些话：你看人家 ×××；我不要求你别的，你只管读好书，别的不用你管；饭吃好做作业去。
- 不要让好心南辕北辙。
- 为孩子创造良好的学习氛围。
- 注重日常修养，孩子是父母的一面镜子。
- 注重家庭教育的一致性。
- 处理关键性问题时一定要慎重。
- 让孩子勤记事。
- 制定时间表，并严格执行。
- 新生家长三大忌：操之过急、发号施令、过分照顾。
- 在家发现以下情况时，一定要及早与老师联系：有外伤；回家后闷闷不乐，不爱讲话，易发脾气；电话特别多，或泡在网上跟同学聊天；沉溺于电脑、电视，几乎没有安排学习时间；过于注重穿衣打扮，发型怪异；钱不够花，索要更多生活费；找家里其他人要钱；特别喜欢吃零食。

(设计意图：让家长反思在这个充满未知数的“新世界”里，自己该如何理性地充当好父母的角色。这一活动实际上提供了一种体验，旨在让家长通过反思自己总结出正确的观点和方法)

6. 提问答疑，和谐互动

[活动] 让家长提问，可以是口头提问，也可以在便笺纸上留言。

（这一活动需要教师事先做好充分准备，对一些常见问题要想好客观的、理想的、可操作的建议，做到心中有谱）

［家长问］孩子上初中后，是不是一定要给孩子课外“加餐”，买参考资料，报培优班？

［答疑］要根据孩子的实际情况而定。学有余力的学生，可以考虑增加一点儿课外学习资料；而对刚刚能跟上教师课堂进度的学生，课外“加餐”肯定不合适，还是应立足于课堂；另外，如果学生的基础特别差，明显跟不上课堂进度，家长可考虑给孩子进行有针对性的补习。

［家长问］孩子老记不住英语单词，怎么办？

［答疑］首先，每天至少要坚持 15 分钟的英语朗读，最好跟着磁带大声读，并模仿其中的语音、语调；其次，在对话、词组中记单词，在上下文中领会单词含义，这比枯燥地背单词效果要好得多；最后，依照发音规律来记单词。

［家长问］孩子小动作很多，怎么办？

［答疑］由于初一新生的可塑性极强，所以我们应尽量为孩子营造安静的环境，让孩子养成管住自己的习惯。这需要家长一点一滴地帮助孩子，有好的变化应及时鼓励，发现不对的苗头，要耐心说服，并加以监督。这样，才能慢慢培养孩子的自控能力。

［家长问］孩子进初中后，各门学科该如何学？

［答疑］一般来说，数学要保持严谨的态度；语文要多读、多写、多思考；英语要多记、多背。初中阶段学习科目比较多，因此一定要注意提高学习效率。初中学习不同于小学，不少小学生磨蹭着也能完成作业，但初中课业负担重，如果再磨蹭，就很可能会影响到学生正常的休息时间，时间久了，就会形成恶性循环，直接影响到学生的学习。

［家长问］孩子以前不喜欢某位老师，所以该门学科成绩一直上不来，我很担心上了初中他还是这样。

［答疑］学习成绩的好坏，有多方面原因。学生不喜欢科任教师，肯定会影响他对这门功课的学习。此时，家长应主动帮助他进行调整。告诉孩子：上初中后，所有的老师都是新的，在学习的过程中，不是老师

来适应你，而是你去适应老师，接受每一科老师，才是对自己学习负责的态度。

[家长问] 不少同事告诉我，小孩上了初中后就不爱和父母说话了，我们该如何避免这一现象?

[答疑] 进入初中后，孩子会出现青春期叛逆的现象，不愿与父母交流。建议新生家长防患于未然，积极与孩子交流，找些孩子感兴趣的话题，如校园里的新鲜事、小学同学的现状等，总之，要让孩子愿意与家长交流，并且这样的交流每天都不能间断。尽管这样做会让家长觉得有点儿辛苦，但是很值得。

…………

(设计意图：通过问答，让家长走出迷茫，以从容的心态对待孩子的小升初)

7. 结束语

教师是医生，父母是护士，医生开好药方后还需护士的精心护理。但愿通过我们的共同努力，孩子能更好、更快地适应初中生活，进入初中学习的“快车道”，实现小升初的顺利软着陆!

每个学生都想上光荣榜

第四届 CCTV 电视舞蹈大赛有一个精彩节目《明天我上光荣榜》，表现了一位入伍不久的女兵，在天天擦拭光荣榜时，渴望自己也能上榜并最终实现了愿望。舞蹈者那丰富的肢体语言，以及她对上榜的痴迷神情，深深地触动了我。是呀，每个人都渴望被关注、被赞赏，这是人的本性。可以说，每个人心中都有一块“光荣榜”，等待被填写。

许多班主任都意识到了这一点，并纷纷付诸行动，或制作成果展板，或张贴优秀作品，或颁发奖状，以激发学生的热情，激发他们上进的愿望。不过，细细思量，无论是制作展板还是张贴作品，呈现的往往只是一种结果，这在一定程度上会降低激励的新鲜感和吸引力。

如何让光荣榜充满磁力、张力和活力，犹如为开启的“马达”不断“加油”，从而让学生保持强劲的后续动力？那就应该动态展现过程，让整个过程“看”得见。

实践中，我采用了以下方法。

一、“星光灿烂”

我巧妙地将加德纳多元智能理论与学生的日常学习和生活相结合，使之“本土化”。经全班反复讨论，我们最终确定了以下 20 项“星星”：语文之星、数学之星、外语之星、科学之星、学习之星、尽责之星、劳动之星、阅读之星、服务之星、管理之星、绘画之星、歌唱之星、体育之星、美德之星、发言之星、文明之星、两操之星、点子之星、作业之星、进步之星。

然后是制作精美的底版，并预留出空间，以展示照片及颁奖词。这样，即插即用，方便易行。说到学生的照片，还是早做准备为好。但凡当过班主任的人都知道，学生时不时需要交照片：参加市区运动会、入团、填报资料……若等到用时才去催交，那还真得费些时日。冲洗照片需要时间，有些马大哈还忘记去拍，于是班主任只能慢慢等他们零零散散地上交。为省却这些不必要的周折，在学生领到校服后，我就联系摄影师为每位学生拍照，并冲洗出八张一寸照和三张五寸照，存放在我这儿，即用即取，无后顾之忧。而且底片我留一份，学生自留一份，照片不够时他们自行冲洗好交到我这，保证"仓廪"充实。

至于评选过程，我只需给每位学生发放评选表，让他们写上每一项的提名人及理由即可。之后我一一统计（因为涉及他们的秘密，还是由我来操作最合适，更何况这也有助于我进一步了解学生身上的闪光点），并一一列出所有被提名人的推荐理由，于当天放学前在班上一一宣读。每次宣读评选结果时小家伙们都十分激动，因为这实质上是一种同伴间的评价。不可否认，有时同伴评价的作用远胜于教师评价。这个过程其实是借助同伴的力量推动学生向前，而且这些推荐理由同时也成为颁奖词的源头活水。

说起颁奖词，其灵感源自《感动中国》。这一节目曾被誉为"中国人的年度精神史诗"。据说每年高考前，很多考生都会寻找一些获奖人物的事迹当作备考材料，足见其影响力。而那段简短的颁奖词更是起到了锦上添花的作用，寥寥数语，却能震撼我们的心灵，让我们品读到那种超乎寻常的人格精神。于是这一招被我们班借鉴了过来，这就是"借势"。

班主任撰写颁奖词需用心为之，在引用同伴原话的基础上，应注意以下几个原则：情感性，真诚赞美学生的事迹和品质，有时也要诚恳地指出其不足，相信非真情无以感人；简洁性，字数在 40~60 之间，言简意赅；针对性，因人定论，因事定调，能反映出每个人的个性特点；生动性，如水墨画，虽只有寥寥数笔，却栩栩如生。

就这样，"星光灿烂"成了每位同学一展风采的舞台，成了我们班倾力打造的精神品牌。

二、“成长足迹”

由于“星光灿烂”是每月一评，因此，许多“星星”都被后继者替代了。如何让那份曾经的灿烂不至转瞬即逝？我们又制作了“成长足迹”。纵向是每位学生的姓名，横向是他们的成长印迹，凡有荣誉斩获，或有奖项获得（包括运动会取得名次等），都被一一记载，于是这里成了每位同学的个人展区。用一张粉色的统一规格的小纸片写上荣誉内容即可，这小小的纸片其实就是一份给自己的无言掌声。

就这样，每个同学的辉煌都被源源不断地载入了他的个人“史册”，每一项内容都折射出他内心渴望成长的光芒。学生因此变得积极主动，不断为自己“充值”，于是榜上的内容越发丰富起来；而内容越丰富，他们的热情就越能被激发，他们也将越努力开一树丰盈的花给自己，并由此产生了教育的良性循环。

无论是“星光灿烂”还是“成长足迹”，都体现了教育的过程性，储存了学生成长的点点滴滴。我想，给学生一个舞台，让他们流光溢彩，这一方小小的天地，会因融入了浓浓的人文关怀而大大“升值”；而学生也必将用心“经营”这一方天地，呈现出一个精彩的自己；班级也将因此精彩起来，并勾兑出教育的种种美味。班主任们，慢慢享用哦！

附 “颁奖词”样稿

王××（语文之星获得者）：作业质量好得没话说，回答问题正确率高达99%，作文一级棒，被老师誉为“百年一遇的好笔杆”，语文成绩就不必说了。

周××（数学之星获得者）：是数学学科的“佼佼者”，做题目相当、相当地认真，据说作业几乎全对，每次有同学请教题目时都十分热情。

郑××（外语之星获得者）：虽参加“体训”，但一回教室就马上组织早读，口语、书写俱佳，听写、默写正确率高得惊人，查作业极认真且从不“放水”。

金××（科学之星获得者）：对科学比较热衷，思维相当活跃，发言相当积极，提问相当有水平，记笔记相当快，实验做得相当棒，没得说。

王××（学习之星获得者）：成绩棒得不行，还经常向老师请教（都是下课问，从不占用上课时间），她那“学习是快乐的”的心态尤其让人敬佩，是学习的“全能战士”，向她敬礼！

叶××（尽责之星获得者）：电脑管理非常到位，无论开机还是关机都能提前准备好，每天杀N次毒，电脑一“罢工”马上就去修复，让每个老师都用得舒心。

仇××（劳动之星获得者）：拖地很卖力、很及时、很干净，身为值周班长，能及时督促卫生工作并检查到位，拖地时发现有东西掉落在地会马上捡起，相当绅士。

黄××（阅读之星获得者）：早读很认真、很投入，且声如洪钟、惊天动地、气势磅礴，无形中带动班上其他同学进入早读状态。

钱××（服务之星获得者）：在全班人民最需要水的时候，他会将水桶准备好，而且两个桶，不多不少，一个放饮水机上，一个放地上。

陈×（管理之星获得者）：严格执法，刚正不阿，铁面无私，公平管理，冒着和同学产生矛盾的风险点名，很有魄力，让全班同学心服口服，是继郑老师之后的又一管理型人才。

邵×（绘画之星获得者）：太有绘画天赋了，每次板报都拿全校第一名，每次都是老师的重点表扬对象，设计的LOGO真是漂亮，无法用言语评价。

舒××（歌唱之星获得者）：天生一副好嗓子，再加上刻苦训练，歌唱得可谓是余音绕梁，尤其唱京剧，那真叫顶呱呱，校歌唱比赛第一名不是吹的，区歌唱比赛一等奖也不是虚的。

鄢×（体育之星获得者）：跑得快、跳得远、耐力好……各个项目都不错，是个十足的体育全才，得这个荣誉真不是盖的。

吴 ×× （美德之星获得者）：别的同学没发到试卷，他就用自己的空白卷帮人复印好。身为班长，他对人友好，处处讲礼貌，班主任不在校时又勇挑大梁，一个字 —— 好！

方 × （发言之星获得者）：无论什么课都积极发言（就是有时会过度兴奋，有时会转过头去和同学讲话），而且发言的质量很高，很精彩，有一定深度，能一针见血，很能吸引眼球。

李 ×× （文明之星获得者）：讲文明，懂礼貌，对谁都很和善，见谁都是笑呵呵的，谁看见她都很开心。

刘 ×× （两操之星获得者）：她做的操真是 very very good（非常好）！很到位，很标准。她还乐于教别人做操。现在学校不做操，改跑步了，她也很认真。不愧是模范领操员。

郑 ×× （点子之星获得者）：积极为班级出谋划策，乐于帮别人想办法解决问题，富有想象力，很有创意，点子多且行得通，是班上的智多星。

吴 ×× （作业之星获得者）：写作业极其认真，正确率高得惊人，订正异常及时，是表扬名单里的固定“客户”，每周都被评为作业标兵，一个字 —— 强！

金 ×× （进步之星获得者）：课堂纪律性加强，钻牛角尖和瞎捣乱现象明显减少（还剩一点儿），问问题不再随意，从之前的顶撞老师到现在的偶尔插嘴（但愿这点今后也能改掉）也说明了他的进步。

开辟黑板的其他用途

坦白地说，我们班的板报的确很出色，无论是整体排版还是图案设计，都显得与众不同，能让人眼前一亮，无怪乎每次都能拿全校第一名。我也经常用相机把它们定格，一来可以借此表达对板报负责人的尊重和赞赏，二来可以给其他班级做模板，算是赠人玫瑰。如此一举两得，何乐而不为！

我一度为班级板报的优秀而自鸣得意，可在一次偶然的闲聊中，我被泼了盆冷水，顿时清醒。那次，我有些得意地问学生，我们班的板报如何，答曰“漂亮”。再问他们是否通过板报有所收获，答曰“没有”。仅仅两个来回，却让我惊醒。那么精彩的板报，除了给几位板报智囊团成员一展身手的机会，除了使班级在学期末获得“宣传先进”的称号，并没有给更多的同学带来实质性的成长，因为几乎没有多少人愿意关注那些文字，而且看似一黑板的粉笔字其实信息含量很少。板报无疑成了漂亮的摆设，相信这种情况在很多班级中也都存在。而教育资源一旦成了摆设，就容易走向它预设的反面。

如何还板报本应有的人气和魅力？相信若我们精心经营，这容易被我们忽视的教育资源，也可以成为一片精彩的天空。好比一个土豆，在地里时也许不值 1 角钱，但到了菜篮子里，就可能变成 5 角钱，而到了肯德基的餐桌上，则能变成 5 元钱，这就是“加工”所带来的“附加值”。

于是，我们开辟了五个板块。前四块分别用作语文、数学、外语、科学园地，可张贴习题答案供学生自行核对，也可张贴好题与同学共享、张贴易错题给同学警戒、张贴疑难题向他人请教，从而使每门学科都名正言顺地拥有了自己的“特区”，深受科任教师的欢迎。第五个板块既可用于出板报，宣传学校的德育政策；也可用于张贴时事新闻，让学生关注国内外动态；还可用于公布校园信息、展示学生作品等。一举多得，利用率极高。这五个板块既活泼又大方，既美观又实用，深受学生的喜爱，可谓是班级的一块新的“自留地”。

其实教室前端的黑板也有可作为的空间。每个教室都有黑板，它们犹如一块块责任田，供教育的农夫们辛勤耕耘，播撒智慧。可以说，所有教具中，黑板是最直观、最普通、最常见的，或许是因为“熟悉的地方没有风景”，很多班主任不把它当回事，不做规划，权当摆设，使它成了被遗忘的角落，成了一块寂寞的土地。

据说2010年上海的中考作文题为“黑板上的记忆”，有学生这样描述：“如果用快进的镜头来回顾学校里的日子，那一定就是黑板前人来人往，黑板上内容满了又空，空了又满。在这样的过程中，一直不变的似乎只有黑板左侧的值日表和右侧的课程表。”这看似平淡的命题其实暗藏玄机，以至于那些天天跟黑板打交道的学生无从下手。

环顾众多班级的黑板，君不见，有的被各种胶带纸留下的痕迹弄得满目疮痍；有的因规划欠周而使各分区界限模糊，影响了学生对有效信息的关注；有的写满了名人名言但读者无几……究其原因，除了学生缺少一颗善感的心之外，更主要的是因为黑板的用途只限于抄写课程表和值日表，外加几句名言，而鲜活灵动的学习生活却成了一块真正的“黑”板。

因此，我们精心设计并利用了黑板的每一寸空间，让边角料也成为宝贝（见下图）。

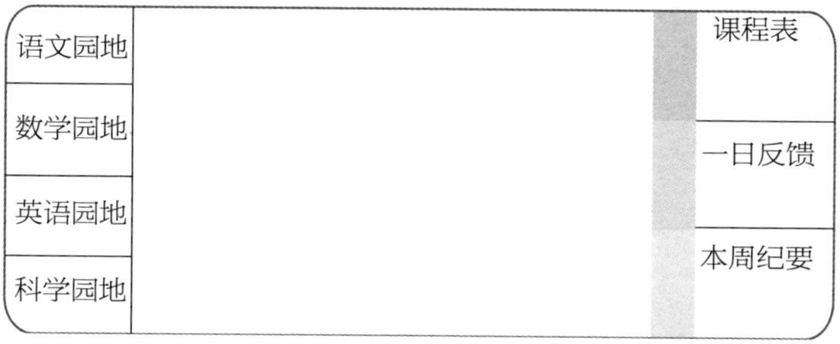

如上图所示，黑板左右各留出一个区域（以40厘米宽为宜）。左边为“学习区”，可抄写各科作业，也可供科任教师反馈当天的作业和课堂

表现情况。右边第一栏是“课程表”，用以抄写当天课程，以便学生做好课前准备；第二栏是“一日反馈”，记录班级当天的表现，记录班级当下发生的故事；第三栏是“本周纪要”，一周要事，提前亮相，把班级管理向学生开放，使学生成为班级管理的主人。

同时，黑板上再留出一点空间（以10厘米宽为宜），粘贴红、黄、蓝三色不干胶，取名为“心情的颜色”，显示当天的心情指数。学生将写有自己名字的磁钉放在相应色块之上即可，红色代表开心，黄色代表一般，蓝色代表郁闷。于是学生的心情都“看”得见，教师能够有针对性地与之交谈，同时学生也可从中体会到“我的地盘我做主”。

经过这样的精心设计，黑板已不再是可有可无的“生姜末”，而是能勾兑教育艺术、提高教学效率的“食用盐”。它与学生的学习、生活、幸福相连接，能营造出一片催人奋进的氛围，成为班级管理的一件法宝，也成为促进学生发展的一块魔板。

所以，我们应恢复黑板的“一线”地位，让黑板成为教育教学的常规武器。

让校园里的草木也关情

许多东西，往往因为熟视而容易无睹。比如，校园里的一砖一瓦、一草一木，虽然时常经过我们的眼睛，我们却往往视而不见。其实，若想真正“看见”，我们需要停下脚步驻足凝视，而且还要带着仪式感。美，就在凝视者的眼睛里。

曾经，我跟随着二十四节气的脚步走进八卦田，在那里，我与作物对视，与野花神会，与树木对晤。深郁而辽阔的大地，给了我无尽的美的熏陶和智慧的启迪。

此举感染了学生，他们也兴致盎然地准备循着二十四节气的脚步记录他们的一片天地。校园，无疑是最好的选择。于是，每个节气，他们都走进校园，一期一会，感知这片土地上光线和温度的变化，感受季节的轮换和岁月的更迭。

一、校园记忆里应有草木葱茏

人类自诞生以来就与树木结下了不解之缘。远古的先民为躲避猛兽栖于树上，靠采摘树上的果实为食。后来从树上下来，织葛为衣，取火炊煮，砍树筑屋，伐木为轮，可见人的生存离不开草木。草木是天地之书，自身蕴含着一种生命力，在时间的流变中永远不变地书写着自己，也滋养着人类，成全着人类。

草木有种天然的让人沉静、令人平和的力量，所以古来寺庙多树木。每个寺院无不茂林环绕，流转着梵韵之轻音。

不只是那些为了潜心修行者修建的寺庙选择了僻静优美的山林，五代及宋初的书院也大多建于山林名胜之中。“闭门即是深山，读书随处净士”，从另一个角度说明了山林对于读书和修行的意义。

在佛陀所处的时代，《奥义书》《四吠陀》等圣典是不准在房里读的，人们要捧着书走进森林，坐在大树底下读。佛陀本人就是在菩提树下静坐了四十九天才大彻大悟的。纵观佛陀所行，在森林中修行、在大树下成道、在园林里讲道，这些似乎都启示我们，只有坐在林间树下，心怀虔敬，感受神圣，才可能读懂神圣而伟大的思想。

与佛陀同时期的孔子，其教化思想也源于自然，于诗乐外，玩赏天然之美。他和他的弟子习礼于树下，言志于农山，游于舞雩，叹于川上，在一草一木之间涵养着审美之情，甚至连他讲课的地方都叫杏坛。“孔子游于缁帏之林，休坐乎杏坛之上”，春天杏花飘香，夏天杏子掉落，弟子读书，孔子弦歌鼓琴，在自然之中完成他的诗化教育，极尽天地之美感。

古希腊最智慧的哲人苏格拉底喜欢在散步时思考问题，他常常去野外，在自然中观察和思考，从中孕育出智慧，并以最浅显的语言启迪他的学生。他让弟子去摘最大的麦穗、取最好的杉树、采最美的花朵，以此巧妙地比喻爱情、婚姻、生活，从而让弟子心扉洞开。这样的例子不胜枚举。

对于学生而言，校园里的草木，远不止自然的景观，它们还具有情感的意义。杨绛先生在她 95 岁高龄时回想起自己的母校振华女中（苏州第十中学的前身），依然清晰地记得校园西北角有个小丘，那里树木葱郁，她说“振华有一股味儿，那股味儿影响了我一生”。

草木之于一个人的教化意义不可等闲视之。可现在很多生活在城市中的孩子，被混凝土的丛林所包围，远离乡村，对于他们来说，或许校园才是精神源头，才具有“故乡”的意义。

所以，除了让孩子记住校园里的一砖一瓦，还要让他们记住校园里的一草一木。理想的校园，除了有琅琅书声，还应有菁菁草木和嘤嘤鸟鸣。如果说建筑是凝固的音乐，那么草木便是生长的音乐。无论离开校园多少年，待孩子们溯流而上，回找自己的求学记忆时，他们的脑海里都应是草木葱茏。

二、如何带领孩子们深度走进校园

我带领孩子们一一辨认校园里的树木，竟然辨识出了52种，厚重沉稳的樟树、体态婀娜的垂柳、温婉典雅的广玉兰……这让他们震惊。树虽是有形之物，却往往是无形的象征，樟树的长寿如意、柳树的惜别思念、玉兰的真挚高贵、海棠的游子思乡，都让人无尽感怀。人也需要站成一棵树，从容、自在、深情，有种不可言说的傲骨。

循着二十四节气一路走来，我和孩子们一起认真留意草木的“书法”，悉心感悟草木的精神，并用相机定格每一期的草木长相，留存它们的“年鉴”。于是，树荫下、长廊边、花海里，都留下了我们的身影和声音。

我们在梦幻的紫藤长廊下聊关于树的神话和神奇。《大鱼海棠》里出现过的东方木神句芒、联通天地的宇宙树“建木”、东极“扶桑”和西极“若木”、古代封土为社随其地所宜所植的“社”树、三星堆出土的来自商代带着神意的“青铜神树”、东汉至魏晋时期的“摇钱树”，以及西汉壁画、画像石、画像砖中一些具有追求长寿和升仙愿望的“陶都树”“寿木”“长青树”等生命树形象，都一一被我们热烈地讨论着。

我们在沉郁的樟树下谈论树木对人的价值以及人对树木应持有的态度。我们讨论树木对于人类衣、食、住、行的意义，它们之于生态环境的作用，那种“十年香樟树，百年白首约，千年古风传，厮守在人间”的美好情意，以及古人“斧斤以时入山林”“仲冬斩阳木，仲夏斩阴木”的自然观和利用自然的智慧。

我们踩着银杏的金黄色叶子畅聊树的文化。上古时期，先人所能看到的首先是树木花卉，于是就有了杨、柳、桑、柏、松、栗、李、林等姓氏。草木是人类最早、最原始的姓氏名称来源。我国古代记录时间顺序的符号“干支”取义于树木的“干枝”。树木关乎五行文化，东属木意为万物生发，南属火意为树木生长，西属金意为储藏，北属水意为收敛，因此就有了春发、夏火、金秋、冬敛。树木影响到造字文化，“草、木、禾、竹”是《说文解字》中表示植物的四大部首，它们所辖汉字占《说文解字》总字数的12%。树木对诗词歌赋的创作也有极大的意义，“蔽芾甘棠，勿翦勿伐，召伯所茇”中那个受民爱戴的召伯，“昔我往矣，杨柳依依。今我来思，雨雪霏霏”中的唯美意境，一一从《诗经》中走出，来到我们的跟前；“维桑与梓，必恭敬止。靡瞻匪父，靡依匪母”“断一树，杀一兽，不以其时，非孝也”，则通过树木表达了人们对道德准则的追求。

我们在樱花下讲述美丽的故事。比如，千利休的儿子绍安打扫茶室的庭径，完毕后报告父亲。千利休认为不够干净，吩咐再打扫一次。儿子重扫了一遍后，父亲依然不满意。儿子铁了心，把石阶洗了三遍，石灯笼和树上也洒了水，地上没留下一根树枝和一片叶子。对此，千利休默然不语，只是走到庭院，用手去摇动一棵树，院子里霎时间落下许多金黄色和深红色的树叶，片片皆是秋之锦缎，好一个清朗的世界。儿子当场得到莫大的启示，原来所谓的洁净，并非一尘不染，而是在清净中充满趣味和自然的消息，盈满和谐和自然的美感。

…………

万物有灵，草木有情。菁菁校园，草木贲华，那一草一木带着美丽的故事如同带着美好的种子落到了孩子们的心里，或许，在某一天，它们会悄然开出花来。这不，几个细腻的女孩儿捡起几片樱花花瓣，说是要拿回去放在书桌前，在花香里品味书香。

孩子们还决定每人认养一棵树。他们查找与这种树有关的传说，了解与它有关的历史人物，看它是否当选为国树或市树，有没有被古典诗词或是课文表述过，深味它的花语和象征意义，并拍下它在二十四节气中的风姿。在孩子们的世界里，那一棵棵被认养的树是一个个有生命的朋友。

认养一棵树，从此使孩子们对母校多了一份惦念，同时也意味着他们愿意在校园的时空坐标上确立自己的点，去思考时空的切己意义。这不只是对他们持之以恒精神的培育，更是一种对他们的驯养方式，犹如《小王子》里狐狸对小王子说的：“正因为你为你的玫瑰花费了时间，这才使你的玫瑰变得如此重要。”

自愿去体察虽微小却蕴涵着生命的庄严和奇妙的校园草木，在这个过程中寻找自然的消息，发现和感受自然的美，并自觉为这样的美增色，这样做，必定能给孩子们留下“时间的玫瑰”。

三、如何深味校园中的一草一木

草木是天成的诗歌，校园是打开的诗集。当我们走近草木，聆听花开、静观叶落时，我们可以读到四季的诗句，看见四时的美景——

春天，校园一如清新的锦绣。紫藤花梦幻般地开着，遍布深深浅浅的长廊，仿佛在书写着一个传说。樱桃花烂漫地开着，风过处，花瓣漫天飞舞，人行其间，如同走在一个粉色的梦里。

夏天，校园是绿色的天下。草绿、黄绿、翠绿、深绿、墨绿，绿的层次和变化细微而和谐。孩子们记忆最深的，当属那株夹竹桃：六月时分，花开灿然，满树芳华。孩子们特意穿上班服，手执红色和白色的气球，与这棵校园之树合影。因画面动人，这张合影走上了《班主任之友》杂志的封面。

秋天，校园显得非常写意。含笑与桂花低声交谈，交换着制造清香的秘诀。枫叶与银杏相互斗艳，比拼着色彩的绚烂。就连地上的落叶也都成了景观，带着初落的淡黄、昨日的菊黄、更早前的褐黄，风一动，哗哗地跑。

冬天，校园需要的是聆听，因为风里流动着音乐。此时，树叶是乐器，风是琴手，一起弹奏着自然之歌。风来时，树叶飘洒在空中，旋转、飞舞、回荡，就像远方寄来的许多信件。还有飞舞的雪花，栖息在树枝上，如同一串串美丽的音符。

即便是一天里，我们的眼睛也如同彩色的相机，定格了许多美的瞬间。清明的露水，闪着炫目的七彩；黄昏的阳光，像金线一般从树梢间一束束穿过，落在人影攒动的操场上，交织成一幅幅有声有色的画。周有光先生说，“田野是我的花房”；我说，“校园是我们的花房”。

一切严格意义上的灵魂生活都是在内心宁静的时候展开的。这一年里，我们尤为关注校园细微处的变化，感受这种“微”的“渐”变，也渐渐培育起一颗善感的心。

漫步校园，常有美好的诗句飘然而至，从册页中走出，来到我们的眼前。看到竹子，脑海里就有“独坐幽篁里”的清幽；看到杨柳，则生出“昔我往矣，杨柳依依”的惆怅。也有当代的诗篇，如三毛的“如果有来生 / 要做一棵树 / 站成永恒 / 没有悲欢的姿势 / 一半在尘土里安详 / 一半在风里飞扬 / 一半洒落荫凉 / 一半沐浴阳光 / 非常沉默 / 非常骄傲 / 从不依靠 / 从不寻找”；再如席慕蓉的“如何让你遇见我 / 在我最美丽的时刻 / 为这 / 我已在佛前求了五百年 / 求佛让我们结一段尘缘 / 佛于是把我化作一棵树 / 长在你必经的路旁 / 阳光下 / 慎重地开满了花 / 朵朵都是我前世的盼望”。

和着这些诗句，草木用它们的手指，拨动了孩子们的心弦。

一女孩说：“老师，今天虽然是周日，可我还是来到了校园，因为春天的花期太短。我一定要把这种美留下来，以前用眼，现在用心。”

一女孩说：“美，真的无处不在，只要我们有一双善于发现的眼睛。我对母校那个以眼睛为主体的校徽的理解又进了一层。”

一男孩说：“我发现每一朵花都开得无比认真，每一棵树都站得无比庄严。”

一男孩说：“如果说雨露是天空对大地的深情，那么草木便是大地对天空的向往。”

一女孩说：“以前不理解顾城的那首诗——‘草在结它的种子 / 风在摇它的叶子 / 我们站着，不说话 / 就十分美好’；现在，当我对着一棵树凝视时，我慢慢体会到了诗中的含义。”

一男孩说：“树用年轮留下了自己的编年史，这也是它的内心日记吧，原来树是有语言的。推而广之，闪烁的星星是有语言的，阳光是有语言的，大自然的语言竟是如此的丰富。”

…………

或者，干脆什么都不说。无言，就十分美好。

令我惊奇的是，我在大自然中培育起的这颗敏感的灵心还潜意识地影响到了我的教育。凡我看到的、听到的，我都会不自觉地将之与教育联系起来。

比如，树的生长是自然而然的，按照节奏从容不迫，一草一木皆春秋，草木也有自己的世界，也有自己的乾坤。育人也是如此。教育是慢的艺术，须合乎孩子的成长规律。“一年之计，莫如树谷；十年之计，莫如树木；终身之计，莫如树人。”

比如，植物是有个性的，香樟永不失其香，松柏永不改其绿，正是因为它们各具形态，各怀特性，才造就了自然之美。教育，何尝不须尊重孩子的个性？不负其质、参差多态，这才是教育之美。

比如，花草生长的可能性，早在其仍是一粒种子的时候便已具备了。教育何尝不是如此？教育的全部意义，就在于唤起孩子发荣滋长的各种可能性。

最后，孩子们决定在最后一个学期的植树节那天，在校园里种上三棵木槿，来延续一个生长的故事。这样，他们对母校的记忆就有了一个清晰的落点，即便学校里的老师经历了人事变换，孩子们回到母校，只要看见那三棵木槿，便能勾起当年的往事。

孩子们说，他们期待木槿花开，那是他们开在校园里的心意，如同一枚枚粉色的戳印，将永远留在母校的大地上。木槿，是他们思念的方向，也是他们记得住的“乡愁”。

写出富有“磁力”的评语

学期快要结束时，班主任都会考虑如何用评语为学生的成长留下一个美丽的印记。可以说，一份好评语，犹如一面“反光镜”，能照出学生的千姿百态；犹如一个“超链接”，能沟通师生之间的情感；犹如一个“短剧本”，能演绎出动人的教育故事；犹如一场“及时雨”，能使学生天赋的种子生根发芽。所以，千万别小看这短短的几行字，它能决定一个学生在假期中的幸福指数，有时甚至能影响学生成长的轨迹。

然而，为何有学生视评语为“鸡肋”，不看可惜，看了又觉得索然无味？是什么让我们的评语失去了它应有的“磁力”？

一、评语的“消磁”现象

现象一：千人一面，模式呆板

有教师这样描述自己写评语的过程：首先在纸上列出几个放之四海皆准的“标准构件”，比如热爱祖国、热爱学习、团结同学、乐于助人、尊敬师长、积极向上、热爱劳动等话语以及当年流行的政治术语和教育术语，然后根据学生的大致情况，勾圈出几条，再加上一条缺点，最后在结束前补上一句“希望继续努力，更上一层楼”，一份评语就这样产生了。这就是常见的“万能模板”型评语，内容基本上大同小异：优点 + 缺点 + 希望。还有些教师别出心裁地创造出了一套评语“速成”法，把学生分成若干类，每类写一份评语，然后按需“克隆”，可谓“批量”生产。

试想，这样写出来的评语能保证适合所有的学生吗？曾有这样一个笑话：有人将一位班主任写好的评语抄了一份，然后让这位班主任自己判断这个评语是写给班上哪个学生的，该老师一连说了七个名字才说对，而且还不敢肯定。可见这些套路式的词句，根本不能反映学生的个体差异。

现象二：照搬照抄，拿来主义

快毕业时，有的班主任会把学生在校三年的评价手册全部发还给他们。学生怀着好奇的心情急切地翻阅着每年的评语，有学生惊奇地发现有两年的评语是一模一样的，可那两年的班主任并不是同一个人。原来网络上有一种评语软件，打开软件，从评语库中选出若干语句进行组合，一分钟内就能轻松搞定学生评语，怪不得这两位老师会给出相同版本的评语。还有些老师走另外一条“捷径”，将评语一式多份打印出来，裁下来粘到学生的评价表上，说可以多次使用。更有“高明”的老师干脆向前几任班主任讨要评语底稿，稍做加工甚至“拿来用之”。

“雷同版本”屡见不鲜，“重复版本”层出不穷，学生读到的是一堆“岁岁年年语不变”的文字，这样高频率的“撞衫”让他们情何以堪？

现象三：敷衍塞责，应付了事

有的班主任把写作操行评语的工作交由班干部“代劳”，把这方面的责任和权力毫无保留地“转让”给班干部。问班干部如何写同学的评语，答曰：“反正都是大同小异，多数写优点，遇到学习不好的同学就写‘热爱集体’‘劳动积极’呗！也可以写‘团结友爱’什么的，或者‘关心同学’……”问老师在写评语这件事上做了些什么，答曰：“只管签字盖章。”就这样，班干部成了评语的“总裁”，而班主任则成了“名誉顾问”。

班主任这样做，与其说是为了锻炼学生的能力，不如说是为自己的偷懒开脱。教师是学生的行为表率，教师敷衍塞责，怎么希望学生做事时严谨认真呢？

现象四：全新出炉，缺乏连贯性

以下是一位班主任给一名学生连续两次写的评语：①“尽管你对问题的回答可能不够完整，可老师仍然欣赏你的机敏和大胆；尽管你经常忘了搞卫生，但老师仍然欣赏你倒完垃圾后把垃圾桶里里外外洗刷一遍的行为；尽管你作业完成的情况让老师不敢恭维，但老师仍然要感谢你热心搬实验器材。同时老师建议你在课堂上坚守自己的那块‘阵地’，不要再自由走动，好吗？”②“你没少挨批评，事实上被批评的情况大多是你的优点产生了‘变形’：你很开朗，一‘变形’就成了在课堂上爱说话；你很活泼，一‘变形’就成了与同学嘻哈打闹；你很专注，一‘变形’就成了上课时看漫画书以致老师走到身边还浑然不觉……你没有‘变形’的优点也是显而易见的：乐于帮助同学，乐意为集体出力……今后可要多多改进，你愿意吗？”

两则评语，如果分开看，用词生动、感情真挚，不失为好评语。但如果得知这是连续写给同一位学生的两则评语，我们还是不难发现其中的缺陷：都是以一个全新的视角切入的，缺少与前一次评语的连贯和呼应，从而不能充分发挥评语应有的反馈功能。

现象五：夸大其词，言过其实

有些班主任为了使自己的评语看上去更优美，使用了大量诗一般的语言来赞美学生；因为担心反映缺点会使学生意志消沉，于是对他们的缺点避而不谈；为了显示自己的工作业绩，只报喜不报忧；为了取悦家长，通篇溢美之词。

比如某班主任在评语中形容一位作文不错的学生“你是天生的作家，每篇杰作都振聋发聩，简直有鲁迅当年的风范”；形容一位酷爱电脑的学生“中国未来的‘比尔·盖茨’”；形容一位能说会道的学生“你一定能成为出色的外交家”；形容一位热心的学生“你简直就是雷锋再世”……对此，有学生表示很担心自己的评语一不小心被其他同学看到，会被嘲讽。

为了将学生的优点和长处无限度地夸张放大，甚至达到无中生有的地步，一篇篇“恭维化”评语应运而生。这类评语刻意追求“煽情”效果，空洞无物，缺乏可信度，并使教育走向了另一个极端：由“棒杀”变成了“捧杀”。

现象六：是非模糊，黑白颠倒

在有些班主任的笔下，学生的缺点被“包装”成了优点，他们将脾气暴躁说成“个性较强”，把爱打架说成“动手能力强”，把成绩年年排在最后说成是“成绩稳定”，更有甚者，有教师给一位屡屡偷盗的学生的评语是“该生心灵手巧”。于是，家长们在长期的“摸索”中也看出了评语的“门道”：看优点减三分，看缺点加三分，关键是看希望，希望就是缺点和不足的别名。

学生在看评语时也很茫然，不知老师到底是在“褒”还是在“贬”，尤其是某些优点前面的形容词、限定词，往往意味深长，需要用心琢磨，阅读这样的评语无异于和老师做一场文字智力游戏。有时学生因为评语不符合自己的一贯表现而对老师产生了不信任感。

二、如何让评语重拾“磁性”的魅力

张万祥老师曾对评语做过精辟的论述：“评语不是简单的文字堆砌，

不是用套话涂抹出的总结，而应该是以心灵为纸、以情感为墨、以爱心为笔而抒写的心灵名片。”如何让评语重拾“磁性”的魅力？以下是几个具有操作性的建议。

建议一：因人而异，量身定做

“健康状况不佳，中等身材；不善辞令，沉默寡言；天赋高，判断力健全，记忆力强；文字通顺，作风正派，有时不太用功；体质一般；神学有成绩，虽然定式讲道不无热情，但看来不是一名优秀的传教士；语言知识丰富，哲学上十分努力。”据说这是1793年图宾根神学院给黑格尔的毕业鉴定。

世界上没有两个相同的学生，所以写评语一定要针对学生的实际情况，因人施“语”。设想一下，如果我们每一份评语都只是针对“这一个”孩子而写，那么那些与众不同、充满个性的描述，以及丰富多彩的语言就会自然而然地流淌出来。上文中数十字的评语刻画出了一个个性特征十分鲜明的黑格尔，从后来黑格尔的发展中，也可看出这则评语对“这个人”特点的高度概括。

建议二：实事求是，恰如其分

有教师给一个做事认真但过于敏感较真的学生这样写评语：“‘认真’这一点在你身上得到了全面的展现，如认真听课、认真完成作业、认真参加各项活动、认真对待自己的言行。当然，还有一点，认真也影响了你的自信心，你对同学们善意的玩笑太认真了……”

无论是优点还是缺点，这段评语都如实反映，切中要害，这样的评语既表扬了学生的优点，又给其改正缺点指明了方向，促使学生用自身的积极因素克服消极因素。既不拔高，也不矮化；既不放大，也不歪曲，全面、立体地评价了学生，使其心悦诚服。

建议三：前后承接，融会贯通

第一学期，我给一个在各方面表现都不佳的后进生写下了这样的评语：“很佩服你的动手能力，小制作一出手就拿了个大奖。也很欣赏你在周记中流露出的勇气和正气。另外，你对唱歌有着发自内心的热爱，总是唱得忘情，以致有时把课堂当成了舞台；你对班级的事似乎不大关注，只是每天到此‘潇洒走一回’；你喜欢运动，以致上课时会离开自己的‘岗位’。期待下学期能看到你的努力与进步！”

第二学期，这个学生取得了进步，于是我给他的评语如下：“一学期下来，我为你的付出与进步感到欣喜：现在的你只在班级需要时才高歌一曲；现在的你每天都为班级开灯、关灯；现在的你总是‘身先士卒’，带头把科学实验演示得精彩绝伦，不愧为科学科代表助理！很高兴看到你有积极进取的态度，只是你还缺乏一点儿坚韧不拔的毅力。你看，课上你偶尔还会做‘自由运动’；还有，你经常跟同学‘雄起’，这样可不好。期待看到你更多的努力与进步！”

第二则评语有对上次要求的反馈，充分肯定了学生的进步，同时针对新出现的问题提出了要求，为学生的前进指明了方向，与前一则评语前后呼应。一次次的提示，既有对孩子婉转的批评，也有对孩子的督促和教育，依次循环，充分发挥了评语对学生的持续教育功能。这样的评语，我们不妨称之为“成长性评语”。

建议四：潜心造句，艺术陶冶

我曾对一个成绩优异但沉默寡言、细腻敏感的女生这样写评语：“孩子，我该如何走进你的心？我想，要走进你的‘心扉’，还是先‘敲门’吧！但愿会听到你说‘请进’……”

好的评语本身就是一篇富有文采的美文，能让学生模仿、借鉴和欣赏，能让学生既满怀敬仰，又深觉知心，从而在潜移默化中陶冶自己的情操。“言之无文，行而不远”，评语虽寥寥数语，但遣词造句却十分讲究，因为它是学生学习语言的直接榜样。当然这需要教师具备深厚的功力，同时需要精雕细琢，如此才能做到妙笔生花、含蓄隽永。

建议五：幽默诙谐，生动有趣

我曾给一个成绩取得了一定进步的胖男生写下这样的评语：“成绩要进步，体重可不要跟着‘进步’哦！”这个学生看后哈哈一笑，随后开始了运动计划。我也曾给一个书写时总喜欢写特别长的撇、捺、竖的学生写下这样的评语：“看你的字还真累人，长枪短棒，刀光剑影，弄得人心惊肉跳，你能饶了你忠实的读者吗？”对一个个性非常鲜明的学生，我则写下了这样的评语：“你的优点和你的缺点一样突出，你的缺点和你的优点一样丰富。”

幽默是智慧的体现，是生活中的“盐”。我们的评语中为什么不能放点儿这样的“盐”呢？运用语言的艺术可以淡化优点、缺点的痕迹，使表扬和批评隐含在字里行间。以褒的口吻写出贬的成分，以贬的笔调反映褒的因素，委婉诙谐，耐人寻味，让学生在笑声中心神领会，从而既减轻了学生的挫败感，又保护了学生的自尊心，使学生乐于接受，并在心灵上产生共鸣。

建议六：多元参照，立体生动

我从学期一开始就为学生的评语做准备。我为每个学生建立了一个 Word 文档，学生每取得成绩或有所退步时我都会及时记录。我还经常拿自己写好的评语草稿与学生交流，问学生还有什么修改意见。学生 A 问："某某同学参加学生会竞选，我帮他做了 DV，这点能写进评语吗？"学生 B 问："我以前老说脏话，现在不说了，这点能补充进去吗？"……我会依照事实将学生们的修改意见一一添加到评语中去。期末，我还采用抽签互评的方式让学生参与评价，再结合科任教师的点评，精心调制成"评语大餐"送给学生，学生对这样的评语爱不释手，反复翻看。

"班主任 + 学生自身 + 班级同学 + 科任教师 + 家长"，这样的做法，让多束"镁光灯"全部聚焦到学生身上，将学生的动人时刻定格，将学生的美好点滴珍藏，从而不仅丰富了学生成长的内涵，也让家长看到我们对待孩子的态度。经过多方评价，再经过班主任的精心"勾兑"和"调和"，评语将趋于准确中肯，趋于立体饱满。

当然，写评语本无定法，教师可以在这方寸之地各显神通。相信只要我们不懈追求，不断创新，评语就能如桥梁一般沟通师生之间的情感，就能由"公式套话"走向"心灵对话"，成为拨动心灵的琴弦，成为感人肺腑的诗篇。